BACK TO BASICS

基本にカエル
英語の本

英文法［文のしくみ］

Iwasaki Sayaka
岩崎清華 著

スリーエーネットワーク

Published by 3A Corporation.
Trusty Kojimachi Bldg., 2F, 4, Kojimachi 3-Chome, Chiyoda-ku, Tokyo 102-0083, Japan

ISBN978-4-88319-845-0 C0082

First published 2020
Printed in Japan

はじめに

　この本は英語の語・句・節に的を絞り、英文を読むうえで基本となる「文のしくみ（＝英文法）」を学ぶためのものです。本書では、3匹のカエルたちが登場します。

好奇心旺盛なカエル
ケロ（Kero）

英語が得意なカエル
メグ（Meg）

のんびりやさんのカエル
ジョー（Joe）

　これからこのカエルたちと一緒に、英語の勉強をしていきましょう。

　初めて英語の文を見たとき、それはまるで呪文のような、意味のわからない文字の羅列に見えませんでしたか。その後、中学・高校の授業を通じて、ひと通りの英文法を習ったけれども、「まだ、イマイチよくわからない！」という方にこそ、この本がお役に立てるはずです。本書は、特に次のような方にピッタリです。

・英語に苦手意識のある方
・文法用語アレルギーの方
・「品詞」「文型」「句」「節」と言われても、ピンとこない方

　主人公のケロは、読者のみなさまや中学・高校時代の自分の分身でもあります。授業中にふと疑問に思っては消えていった、ささやかな、しかし実は重要だった文法にまつわる疑問点を、今こそ取りこぼさずに解決していきましょう。
　本書を読み終えたときに、読者のみなさまの視界がパッと広がり、英語に対する新たな視点が得られたならば、心からうれしく思います。

岩崎 清華

目 次

この本について

　本書は、「語（品詞）・句・節」の理解に重点を置いた文法書です。総合文法書とは違い、文法事項をくまなく網羅したものではありません。学校の授業や従来の文法書では素通りしてしまいがちな視点を盛り込み、読者の皆様の「なんとなくわかる」が「ホントにわかる！」になるよう工夫しました。

　本書の構成は次のとおりです。

Introduction

　英文をつくるうえで、核となる要素は４つあります。それは「主語」「動詞」「目的語」「補語」です。これらの「文の要素」をまず日本語で学習します。さらに、本書の重点項目である「語・句・節」について基本を学びましょう。

第1章　品詞と文型

　英文の構造を理解する前段階として、まず「語」レベルの学習から始めましょう。「名詞」や「形容詞」といった各品詞が文の中でどんな役割をしているか、キホンのキホンをお伝えします。さらに、５つの「文型」を学ぶことで、英語と日本語の文構造の違いが見えてきますよ。

第2章　句

　「句」とは、「Ｓ＋Ｖを含まない２語以上の意味のかたまり」のことです。「名詞句」「形容詞句」「副詞句」の３つを取り上げます。

名詞句	文の中で「不定詞」「動名詞」がどのように名詞的に働くのか
形容詞句	文の中で「不定詞」「分詞＋語句」「前置詞＋名詞」がどのように形容詞的に働くのか
副詞句	文の中で「不定詞」「分詞＋語句」「前置詞＋名詞」がどのように副詞的に働くのか

第3章　節

「節」とは、「S＋Vを**含む**2語以上の意味のかたまり」のことです。「名詞節」「形容詞節」「副詞節」の3つを取り上げます。

名詞節	文の中で「that節」「whether節」「if節」「疑問詞＋S＋Vの形をとる節」「関係代名詞whatを含む節」がどのように名詞的に働くのか
形容詞節	文の中で「関係代名詞が導く節」と「関係副詞が導く節」がどのように形容詞的に働くのか
副詞節	文の中で「接続詞が導く節」がどのように副詞的に働くのか

目で見て理解！

千の言葉を尽くして語るよりも、たった一つのイラストのほうが「ハッ！」と、物事の本質に気づかせてくれることがあります。こちらのコーナーでは、文法事項のエッセンスをイラストでお伝えします。

各Lessonのまとめ（音声付き）

本書で取り上げた例文を巻末にまとめました。スキマ時間に音声を聞き、耳からも学習しましょう。

＊音声について

まとめページには音声（MP3）が付いています。音声は下記のウェブページから、無料でダウンロードできます。

URL：https://www.3anet.co.jp/np/books/5906/

井の中の蛙　大海を知らず

　カエルたちは学校で英語を習ってきましたが、ケロは勉強そっちのけで水泳に夢中だったので、英語の基本があやふやなままでした。

　ある日、ケロは校舎の片隅に書かれていた落書きを見つけました。そこにはこう書かれていました。

The frog in the well knows nothing of the great ocean.
井の中の蛙　大海を知らず

「そうだ！　オイラも広い世界を見てみたい！　水泳に夢中だったけど、これから英語を学びなおしても遅くはないはずだ！」

　ケロは、もう一度、基本から英語を学びなおすことに決めました。

Introduction

英文をつくる「文の要素」を おさらいしよう！

英文をつくるうえで、核となる要素は4つあります。それは「主語」「動詞」「目的語」「補語」です。これらの「文の要素」をまず日本語で学習します。さらに、本書の重点項目である「語・句・節」について基本を学びましょう。

文には「主語」と「動詞」が欠かせない

　新学期が始まりました。ケロのいる教室をのぞいてみると、先生が「これが主語で、これが動詞で……」と、英文を丁寧に解説してくれています。涼しい顔で黒板を見つめているケロですが、実は頭の中は大パニック。「主語？動詞？　何のことだっけ？」ケロは、思い切って先生に尋ねてみました。

「先生、主語と動詞って、どんなものなの？」

　当たり前のように使われている文法用語。でも、その用語自体がよくわからないこともあるよね。まずは日本語の文で考えてみよう。

僕は　泳ぐ

　これは主語と動詞でできている文だよ。では、どれが主語でどれが動詞なのか考えてみよう。主語は「動作の主（＝主人公）にあたるもの」で、動詞は「泳ぐ」のように「（主語が）どうするのかという動作を表すもの」と考えるとわかりやすいよ。

「泳ぐという動作をしているのは僕だから、『僕は』が主語で、『泳ぐ』が動詞かな？」

主語　　動詞

僕は　　泳ぐ

その通り！　主語は、文の中で「誰が[は]／何が[は]」にあたるもののこと。英語の文では、この主語は欠かせない大切な要素なんだ。

そして、これは日本語と大きく違うところでもあるんだ。友達や家族との会話を思い浮かべてみよう。日本語では、次のように主語がしょっちゅう省略されているんだよ。

> 「眠そうだね」
> 「うん、夜更ししちゃって」

この会話では「（あなたは）眠そうだね」「うん、（私は）夜更ししちゃって」のように、（　）の主語の部分が省略されているんだ。日本語の会話では、主語をきっちり言ってしまうと、まるでロボットのような不自然な言い方になってしまうこともあるからね。

だけど、英語では、このような会話であっても、主語をきちんと表す必要があるんだ。大事なことは、主語と動詞は切り離すことのできない、とてもつながりの深い関係にあるということなんだよ。

主語を省略する日本語、省略しない英語という違いはあっても、主語と動詞の絆はガッチリ結ばれているんだよ。

「なるほど！　主語と動詞はどんな文にも不可欠な要素なんだね！」

> 主語になるのは、人やカエルみたいな生き物だけじゃないよ。例えば、「店が閉店する」とか「電車が到着する」みたいに、いろいろなものが主語になるんだよ。

Introduction 2

「目的語」は「動詞」が狙いを定めた相手

「主語」と「動詞」だけですべての会話が成り立てば、とっても簡単！　でも、それはとてもつまらない世界です。日本語でも英語でも、文を作るのに重要な要素（材料）になるもの、それが「目的語」です。

日本語で「目的」といえば、「目指すもの」という意味合いだよね。**目的語**というのは、文の中にある動詞が目指すもののこと。つまり、動詞が深くかかわってくるんだ。次の文を見てみよう。

僕は　持っている

これは、「持っている」という動詞を使っている文だね。ケロはこの文を見て、何だかモヤモヤしないかな？

「うん。いったい何を持っているのか、わからないね」

そう！　このモヤモヤの原因は、「持っている」という動詞が「目指すもの」である**目的語**が何なのか、わからないからなんだ。

では、今度はきちんと「何」を持っているのか、わかるようにしてみよう。「何」にあたる部分には、「パスポート」を入れてみようか。

「えーっと、『パスポート』を入れると……、『僕はパスポートを持っている』となるのかな？」

　その通り！　このように「何」にあたる目的語がなければ、「持っている」という動詞は目指すもの（目的）を見失ってしまい、相手に**何を**持っているのか伝えることができないんだ。

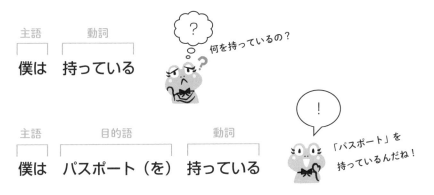

 「なるほど！　動詞が何に狙いを定めたのか、目的語できちんとわかるようにしてあげることが大切なんだね！」

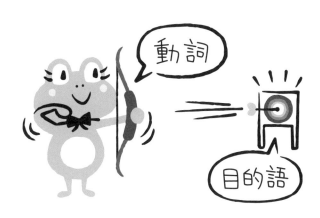

Introduction 3

「補語」は主語が何者かを教えてくれる

　「主語」「動詞」「目的語」― これで文を作る要素がすべてそろったと思いきや、もう一つ忘れてはならない要素があります。それが「補語」です。「補う語」とありますが、いったい何を補うのでしょうか。

　では、「僕はカエルです」という文を使って、補語について考えていくことにしよう。まずは、この文の「主語」と「動詞」を探してみよう！

「主語は『僕は』だよね……。でも、『カエル』と『です』は何だろう？」

　意外だと思うかもしれないけれど、英語で「〜です」は動詞の一つなんだ。

「えっ、動詞って、『泳ぐ』みたいな動作を表すものじゃないの？」

序章

動詞は**動作**を表す言葉だけではないんだよ。主語の**性質**や**状態**を表す「〜です」
も、動詞の一つなんだ。

さて、この文の主語と動詞はわかったね。では、最後に残った「カエル」は、いっ
たい何だろう？　今わかっている主語と動詞だけだと、「僕は…です」というモ
ヤモヤした文になってしまうよね。

「うん、これだと僕が『何者』なのか、わからないよね」

実は、この「何者」にあたる「カエル」の部分こそが補語なんだ。
つまり、補語は主語についての情報を補って、主語が何者なのかを
言い表してくれる存在なんだよ。

「そうなんだ！　補語がなければ、主語が何者かわからないのか。文字
のイメージと違って、文の中でとても大切な要素なんだね！」

Introduction 4
語順に注意！　英語は「動詞」を前に出す

　「主語」「動詞」「目的語」「補語」は、文の核となる要素です。ここでは、それらがどのような順番で並べられるのか、英語の語順（＝語の並ぶ順番）について学んでいきましょう。

　では、語順について確認していこう。日本語の文を英語の文に組み直すとわかりやすいよ。まずは、「主語」と「動詞」の語順を見てみよう。

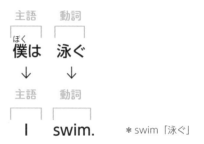

* swim「泳ぐ」

「これは、日本語も英語も順番が同じだね」

　主語と動詞だけだと、日本語と語順は同じだね。では、「目的語」や「補語」が含まれると、どうだろう。まずは、「目的語」が含まれる文だよ。

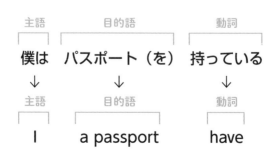

「日本語と同じ順番だと、I / a passport / have か……。う〜ん、オイラなんか違う気がするんだよなぁ」

ここから英語らしさが出てくるよ。英語では動詞がとても大事にされている。だから、主人公である「主語」の次は「動詞」になるのが基本なんだ。つまり、英語は、**「主語」「動詞」「目的語」の順番**で並べるんだよ。

「なるほど！　ということは、英語の語順は『誰が』『どうする』『何を』となるんだね。だから、I have a passport. となるのか」

その調子！　では、続けて「補語」が含まれる文を英語にしてみよう。日本語と同じ語順だと、次のようになるね。

passport（パスポート）やfrog（カエル）の前にあるaは「冠詞」といって、「1つ（1匹）の〜」という数を表わしたりするもの。詳しくはp.50で説明するよ。

「英語では『〜です』も動詞の一つだったよね (→p.14)。『〜です』って、英語で何ていうの？」

「〜です」はbe動詞という種類の動詞で表すんだ。ここでは「am」というbe動詞が入るよ。

「am を入れて、日本語の順番で考えると、I / a frog / amか……。う〜ん、オイラやっぱりこれもなんか違う気がするな」

よくわかったね！　目的語が含まれた文と同じで、やはり英語では動詞が大事にされているから、ここでも「主語」の次にくるのは「動詞」なんだよ。

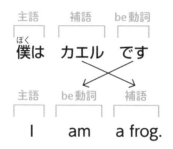

日本語では「補語（＝カエル）」が、「主語（＝僕）」と「〜です」の間に挟まれていたけど、英語では「主語」「動詞（be動詞）」「補語」の順番になるんだよ。

「なるほど！　これで、I am a frog.という英語の文の完成だね！」

Introduction 5
「5つの文型」で文構造が見えてくる！

　「5」というのは不思議な数字。地球上に存在する大陸は「5大陸」ですし、アイドルやヒーローも5人からなるグループは多いですね。5は人間の感性に何かを訴えかけてくる魔法の数字なのかもしれません。英語の世界でも、文の構造を5つに分ける「文型」と呼ばれる分類方法があります。この分類を知っておけば、英文を読むときにも書くときにも助けになってくれます。

　ケロは5つの文型を知っているかな？　次のような、文の要素の組み合わせのことだよ。

5つの文型

・S（主語）＋V（動詞）
・S（主語）＋V（動詞）＋C（補語）
・S（主語）＋V（動詞）＋O（目的語）
・S（主語）＋V（動詞）＋O（目的語）＋O（目的語）
・S（主語）＋V（動詞）＋O（目的語）＋C（補語）

「SやV…？　先生が授業でよく黒板に書いていたあれかっ！」

では、なぜSやVなどと呼ばれているのか、知っているかな？　もしかして、知らないままノートに書き写していたんじゃない？　実は、これらは次の単語の頭文字なんだよ。

Subject（主語）
Verb（動詞）
Complement（補語）
Object（目的語）

 「なるほど！　『文の要素』の頭文字だったんだね！」

　5つの文型は、この文の要素の組み合わせでできているんだ。どの文型にも必ずS（主語）＋V（動詞）が含まれていて、V（動詞）のうしろにくる文の要素が違うんだよ。V（動詞）がどんな意味を持っているかによって、うしろの要素が決まってくるんだ。つまり、V（動詞）が文の方向性を決定づけているんだよ。

 「先生、僕は暗記するのが苦手なんだけど……。やっぱり、この5つの文型は覚えなきゃダメ？」

　できるだけ覚えておいてほしいよ。もし、前に出てきた I have a passport.（僕はパスポートを持っている）という文が「A passport have I」のような語順だったら、どうだろう？

 「う〜ん……何が何だか、わからない」

　英語は語順が命！　5つの文型は語順を知るヒントになるから、きちんと押さえておこう。第1章（→p.60〜）で、この文型をひとつひとつ見ていくよ。

Introduction 6
「語」「句」「節」って何だろう？

　この本のテーマでもある「語」「句」「節」について、確認しておきましょう。「英文法がわからない、難しい」と感じる原因の一つに、「句」や「節」がそもそも何であるかを理解していないことがあるのではないでしょうか。きちんと理解しないまま、「名詞句」や「副詞節」といった文法を習ってしまうと、文の構造もつかめなくなってしまいます。英文の理解に欠かすことのできない「語」「句」「節」について、ここでしっかり押さえておきましょう。

　「語」「句」「節」とはいったい何なのか、ここで整理しておこう。これから英語を学んでいく上でとても大切な部分だから、しっかりとついてきてね。

「『語』『句』『節』って何なの？？　日本語でもあまり使わない言葉だよね。オイラ、俳句の『句』や季節の『節』ぐらいしか思い浮かばないや……」

　たしかに、日本語でもめったに見かけない言葉だよね。いきなり「語・句・節とは何か？」と聞かれたら、戸惑ってしまうのも当たり前かもしれないね。

　算数などで、「ミリメートル・センチメートル・メートル」といった長さの単位が出てくるよね。「語・句・節」はそれと似たような、いわば「言葉の単位」のようなものなんだ。では次のページで、ひとつひとつ見ていこう。

「語」

「語」は1つの単語。つまり、frog（カエル）や bird（鳥）などの単語のことだよ。

「句」

「句」は2つ以上の単語からなる意味のかたまり。例えば、beautiful birds（きれいな鳥）や in the pond（池で）のようなかたまりのことなんだ。必ず知っておいてほしいのは、「句」には S（主語）＋ V（動詞）が含まれないということ。つまり、次のような文の　　部分が「句」だよ。

Kero swims in the pond and Joe and Meg catch fish.

（ケロは池で泳ぎ、ジョーとメグは魚をつかまえる）

「節」

「節」は「句」と同じく2つ以上の単語からなる意味のかたまりなんだけど、「句」と違うところは S（主語）＋ V（動詞）が含まれていることなんだ。つまり、次のような文の　　部分が「節」だよ。

S（主語）　V（動詞）　　　　　　　　S（主語）　V（動詞）

Kero swims in the pond and Joe catches fish.

節　　　　　　　　　　　　節

（ケロは池で泳ぎ、ジョーは魚をつかまえる）

「先生！ 『文』も S（主語）と V（動詞）があるもののことだよね？ 『文』と『節』って、いったい何が違うの？」

「文」というのは、**文の頭から最後のピリオド(.)まで**のこと。つまり、もし上の文がKero swims in the pond. Joe catches fish. のように、2つのピリオドで終わっていたら、それは2つの文があるということになるんだ。

Kero swims in the pond. Joe catches fish.

「文」 「文」

文の頭から、最後のピリオドまでが「文」だよ。

　だけど、Kero swims in the pond and Joe catches fish. は、ピリオドが１つだよね。なので、ここには２つの文があるのではなく、「主語＋動詞」を含んだ意味のかたまりである**「節」**が２つあるってことなんだ。「節」は「文」の一部というわけだね。

Kero swims in the pond **and** Joe catches fish.

節 節

「文」

接続詞 and が２つの節を結びつけているよ。

　大事なことは、**「句」も「節」も、「語（単語）」と同じように文の中で「名詞」「形容詞」「副詞」的な役割をする**ということなんだ。これがわかるようになれば、今よりもっと英文の構造が見えてくるはずだよ！

┌─────────────────────────────────────┐
　「句」や「節」の知識は、英文の構造を理解するうえで欠かせないもので、この本のテーマにもなっています。「語・句・節って何だっけ？」とわからなくなったら、ここに戻って確認しましょう。
└─────────────────────────────────────┘

第 **1** 章

品詞と文型

英文の構造を理解する前段階として、まず「語」レベルの学習から始めましょう。「名詞」や「形容詞」といった各品詞が文の中でどんな役割をしているか、キホンのキホンをお伝えします。さらに、5つの「文型」を学ぶことで、英語と日本語の文構造の違いが見えてきます。

Lesson 1

名詞のキホン

文の重要な要素<ruby>要<rt>よう</rt></ruby><ruby>素<rt>そ</rt></ruby>になる「名詞」

　ここからは、英語の品詞について学習するよ。英和辞書を引くと、単語の横に 名 ・ 動 ・ 形 ・ 副 といった表記があるのを知っているかな？これらは「品詞」と呼ばれているもので、その単語がどんな<ruby>役割<rt>やくわり</rt></ruby>をしているのかを表しているんだ。それぞれの品詞の役割がわかれば、英語の世界がグッとわかりやすくなるよ！

　まずは、「名詞」の役割から見ていこう。「名詞」というのは、frog（カエル）やapple（リンゴ）のような生き物や食べ物の名前や、happiness（幸せ）のような目に見えない<ruby>概念<rt>がいねん</rt></ruby>のこと。みんなが学んでいるEnglish（英語）も名詞の一つなんだよ。

frog（カエル）　　　apple（リンゴ）　　　happiness（幸せ）

　「へえ、『名詞』って目に見えるものだけではないんだ。おもしろいね」

　そして、名詞は品詞の中でも重要度がとても高いんだ。文を作る<ruby>要素<rt>よう そ</rt></ruby>が、S（主語）、V（動詞）、O（目的語）、C（補語）だったのは覚えているかな？　名詞はその中のS（主語）、O（目的語）、C（補語）になることができるんだよ。

　「文の要素のうちの３つになれるなんて、スゴイ！」

では、次の文で確認してみよう。

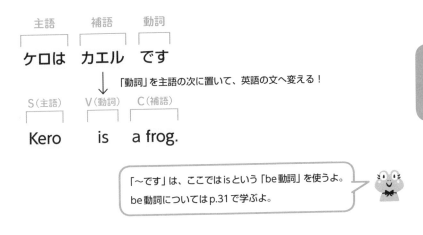

主語　　補語　　動詞

ケロは　カエル　です

↓ 「動詞」を主語の次に置いて、英語の文へ変える！

S（主語）　V（動詞）　C（補語）

Kero　is　a frog.

「～です」は、ここではisという「be動詞」を使うよ。
be動詞についてはp.31で学ぶよ。

「この文では、Kero（ケロ）とfrog（カエル）という**名詞**が、それぞれ
S（主語）とC（補語）になっているね」

次は、名詞が**O（目的語）**になる文を確認しておこう。

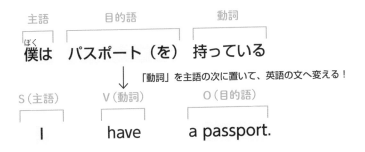

主語　　目的語　　　　　動詞

僕は　パスポート（を）　持っている

↓ 「動詞」を主語の次に置いて、英語の文へ変える！

S（主語）　V（動詞）　O（目的語）

I　have　a passport.

Iは代名詞という品詞の一つ。代名詞についてはLesson 5（→p.44）で学ぶよ。

「この文では、passport（パスポート）という名詞が**O（目的語）**になっ
ているね！　なるほど、名詞ってこんなふうに**文の要素**になるんだね」

名詞はいくつかの種類に分かれていて、Kero（ケロ）のような特定の人やモノは**固有名詞**、frog（カエル）やapple（リンゴ）などは**普通名詞**、happiness（幸せ）のような目に見えない概念は**抽象名詞**と呼ばれているんだ。主な名詞の種類について、ここで確認しておこう。

主な名詞の種類

【固有名詞】

　特定の人や物の名前。数えられない名詞なので、a/anや-e/-esをつけたりしない。

> 例　Kero（ケロ）、Meg（メグ）、Joe（ジョー）、
> English（英語）、Japan（日本）、Kyoto（京都）、Sunday（日曜日）
> など。
>
> 　　　　　　　　　　　　　　　　　　　　　＊固有名詞の語頭（一文字目）は大文字

【普通名詞】

　同じ種類の人やモノが、共通してもつ名前。数えられる名詞で、単数を表すときは前にa/anを、複数を表すときは語尾に-s/-esをつける。

> 例　frog（カエル）、apple（リンゴ）、book（本）、girl（女の子）、
> restaurant（レストラン）、country（国）、city（都市）など。

【抽象名詞】

　目に見えず、触れることもできないもの（「幸せ」や「悲しみ」など）の名前。数えられない名詞なので、a/anや-e/-esをつけたりしない。

> 例　happiness（幸せ）、wisdom（知恵）、loneliness（孤独）など。

「『数えられる名詞』と『数えられない名詞』って、どういうこと？」

　名詞には**数えられる名詞**と**数えられない名詞**があるんだ。左の名詞の種類でいえば、「普通名詞」にあたるものが数えられる名詞だよ。frog（カエル）は「1匹、2匹」、apple（リンゴ）は「1個、2個」と数えられるね。

　これに対して、「固有名詞」と「抽象名詞」は数えられない名詞なんだ。固有名詞のJapan（日本）やKyoto（京都）はこの世でただ一つのもので、二つも存在しないね。

　また、抽象名詞のhappiness（幸せ）やloneliness（孤独）は目に見えないし、具体的な形がないから、数えることができない。だから「固有名詞」と「抽象名詞」は数えられない名詞になるんだよ。

 「つまり、オイラたちfrog（カエル）は普通名詞だから数えられる名詞になるけど、名前のKero（ケロ）になると固有名詞だから数えられない名詞になるんだね」

　その通り。ちなみに、KeroやMegやJoeはそれぞれ固有の存在_{そんざい}だけれど、frog（カエル）として考えると、同じ種類の生き物として考えられるよね。だから、three frogs（3匹のカエル）という「普通名詞」の複数形で表すことができるよ。

ケロ　　メグ　　ジョー

3匹のカエル

Lesson 2

動詞のキホン

主語に命を吹き込むのは「動詞」

　文を作るうえで「主語」と「動詞」は切っても切り離せない関係。そして、英語は日本語よりも**「動詞」**が大切にされていることばだったね（→p.17）。ここでは、英語の文にとって最も大切な要素ともいえる「動詞」について学んでいこう。

　まずは復習だよ。次の文で、動詞の位置を比べてみよう。

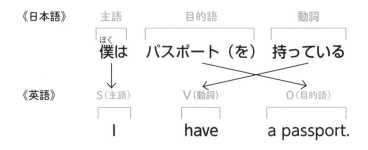

《日本語》　　主語　　　　目的語　　　　動詞

僕は　　パスポート（を）　　持っている

《英語》　　S（主語）　　V（動詞）　　O（目的語）

I　　　have　　　a passport.

「日本語と英語は、語順が違うんだったね。英語は、S（主語）の次にV（動詞）が置かれるんだよね」

　その通り！　日本語では動詞が文の一番うしろにあるけれど、英語では、「誰が／どうする／何を」という語順になる（→p.17）。これは、英語では「（主語が）どうする」のかを表す**動詞**が大切にされているからだったね。

「語順についてはわかったよ。でも、動詞っていろんな形があって、難しいイメージがあるんだよなあ」

不安に感じているかもしれないけど、大丈夫！　まずは、動詞の種類を知ることから学んでいこう。動詞は大きく次の種類に分けることができるんだよ。

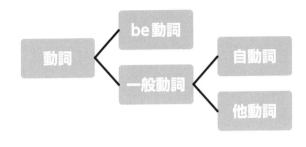

・動詞は「be動詞」と「一般動詞」に分かれる。
・「一般動詞」は、さらに「自動詞」と「他動詞」に分かれる。

be動詞

それでは、「be動詞」から順に見ていこう！
ケロ、「be動詞」はどんな動詞だったか覚えているかな？

「えーっと、I am a frog.（僕はカエルです）のamやKero is a frog（ケロはカエルです）のisがbe動詞だったよね？　でも、be動詞って、どうしてamだったり、isだったりするの？」

　実は、be動詞はbeという動詞の形を変えて使うんだ。その変化にはルールがあって、主語がI（僕は）のときにはbe→am、Kero（ケロ）のときにはbe→isのように、S（主語）によって形が決まっているんだよ。次のページの表で確認してみよう。

be動詞の変化表

人称 (にんしょう)	主語	現在形 (げんざい) (〜です)	過去形 (かこ) (〜でした)
一人称	I（私は）(わたし)	am	was
	we（私たちは）	are	were
二人称	you（あなたは／あなたがたは）	are	were
三人称	he（彼は）(かれ)	is	was
	she（彼女は）(かのじょ)		
	it（それは）		
	they （彼らは／彼女らは／それらは）	are	were

「過去形」は、「〜でした」のように過去を表すときの動詞の形だよ。

 「ちょっと待って！　この表にある『人称』って、いったい何のことなの？」

　「人称」というのは、主語が「話し手」なのか「聞き手」なのか、はたまた「第三者」なのかを区別する呼び名のことだよ。次のように区別されるんだ。

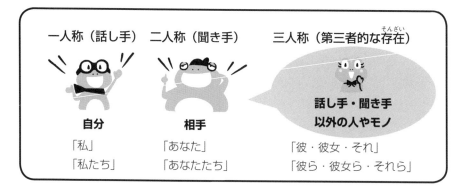

一人称（話し手）　二人称（聞き手）　三人称（第三者的な存在）(そんざい)

自分　　　相手　　　話し手・聞き手
以外の人やモノ

「私」　　　「あなた」　　　「彼・彼女・それ」
「私たち」　　　「あなたたち」　　　「彼ら・彼女ら・それら」

それでは、例文を見てみよう。 の部分はすべてbe動詞だよ。

I am a frog. (僕はカエルです)

○主語が「僕、私」つまり「自分」の場合は、be→amに変化。

You are a frog. (君はカエルです)

○主語が「君、あなた」という「相手」の場合は、be→areに変化。

> youは状況に応じて、「あなた（＝一人）」と「あなたがた（＝複数の人々）」という意味があるんだ。でも、be動詞はどちらもareを使うよ。

Kero is a frog. (ケロはカエルです)

○主語が「三人称の単数」、つまり「一人（一匹）」の場合は、be→isに変化。

> 「三人称」は、I（私）でもyou（あなた）でもない、he（彼）、she（彼女）、it（それ）といったものだったね。Kero（ケロ）などの固有名詞も三人称扱いだから注意してね！

We are friends. (僕らは友達です)

○主語が「僕ら、私たち」という「自分を含めた複数の人」の場合は、
be→areに変化。

「be動詞って、まるでカメレオンみたい！ S（主語）によっていろんな形に変わるんだね」

一般動詞

次は、「一般動詞」について見ていこう。「一般動詞」というのは、**be動詞以外の動詞**のことで、生活の中のあらゆる動作や行為、状態などを表してくれる、とっても大切な動詞なんだ。

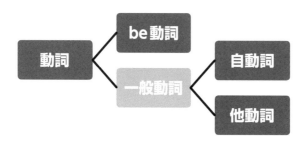

 「be動詞以外ということは、これまでに出てきたI swim.（僕は泳ぐ）のswim（泳ぐ）や、I have a passport.（僕はパスポートを持っている）のhave（〜を持っている）が一般動詞ということだね」

その通り！　そして、一般動詞もbe動詞と同じように、S（主語）によって形を変えるんだよ。

 「えっ〜、一般動詞も変化するの!?　頭がこんがらがりそう……」

一般動詞の変化はとってもシンプルだから、心配しなくても大丈夫！　次の文を見てみよう。

I swim.（僕は泳ぐ）

We swim.（僕たちは泳ぐ）

You swim.（あなたは泳ぐ）

He swims.（彼は泳ぐ）　　　She swims.（彼女は泳ぐ）

Kero swims.（ケロは泳ぐ）

They swim.（彼らは泳ぐ）

「He swims. と She swims. と Kero swims. の3つは、swimのうしろにsがついてるね」

この3つにsがついているのには、次のような理由があるんだ。

❶ 主語がhe（彼は）やKero（ケロは）のような「三人称・単数」である
❷ 「いま」のことを表している文である（現在形である）

このsは三単現（三人称・単数・現在）のsと呼ばれていて、❶❷の場合、一般動詞の語尾に《-s》や《-es》をつけるというルールがあるんだよ。

> 反対に、一人称、二人称、三人称複数のときは、sがつかないってことだよ。

「一般動詞に-sをつけるルールについてはわかったけど、-esをつけるのはどんなときなの？」

《-es》は、teach（教える）の-chなど、特定の語尾で終わる動詞のときにつけるんだ。また、I study English.（僕は英語を学ぶ）のstudyのように子音字＋yで終わる動詞は、yをiに変えて《-es》をつけるんだよ。

【-esがつく動詞のルール】

・-chで終わる動詞：teach → teaches
・子音字＋yで終わる動詞：study [stʌdi] → studies

> 「子音字」というのは、母音字（A・E・I・O・U）以外の文字のことだよ。sayのように母音字＋yだと、saysとなるよ。

自動詞と他動詞

動詞の種類の最後は、一般動詞を語る上で欠かせない、「**自動詞**」「**他動詞**」について見ていこう。

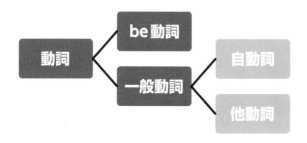

では、ここでケロにクイズ！
次の2つの英文には、大きな違いがあるよ。それはいったい何だろう？

 「I swim. は動詞 swim のうしろに何もないけど、I have a passport. には、have のうしろに passport という O（目的語）があるよね？」

　正解！　（B）の文は passport がなかったら、I have.（僕は持っている）となってしまって、「何」を持っているのかわからなくなってしまうよね。
　このように相手に「何を持っているの？」と尋ねたくなってしまうような、O（目的語）が必要な動詞のことを **「他動詞」** というんだ。それに対して、I swim.（僕は泳ぐ）のように S（主語）＋V（動詞）だけで完結して、O（目的語）が必要ではない動詞のことを **「自動詞」** というんだよ。

「そうか！　一般動詞が『自動詞』なのか『他動詞』なのか区別するには、○（目的語）があるかないかが目印になるんだね！」

身軽な自動詞　　　　　　目的語が必要な他動詞

1つの動詞が「自動詞」にも「他動詞」にもなることもあるよ。swim も、swim 100 meters（100メートルを泳ぐ）のように他動詞として使われることもあるんだ。

「ちょっとまって！　じゃあ、be動詞はどうなの？　I am a frog.（僕はカエルです）という文には、うしろに a frog があるけど……」

　この a frog は ○（目的語）ではなく、I について補足説明している C（補語）だよ。be動詞のうしろには ○（目的語）がこないから、be動詞は「自動詞」ともいえるね。

S（主語）　V（動詞）　C（補語）

I　　am　　a frog.
（僕はカエルです）

be動詞のうしろにくるのは補語！

　英和辞書には、動詞の横に[自]・[他]という表記があって、その動詞が「自動詞」なのか「他動詞」なのかを表しているんだ。動詞の働きを理解するための重要な目印になっているんだよ。

Lesson 3

形容詞のキホン

「形容詞」がなければ、この世は味気ない

味気のない世界に色どりを添えてくれる「形容詞」の世界を見ていこう。日本語には、「形容しがたい感情（＝ことばでは言い表せない想い）」という表現があるけれど、実際のところ、私たちは日々いろいろなものを無意識に形容詞で表しているんだよ。

「あっ、あそこ見て！　鳥が飛んでるよ！　**きれいな**鳥だねえ。おや、向こうからは**大きな**犬も歩いてきたよ」

なんともいいタイミング！　あの鳥や犬を例に、形容詞について学んでいこう。

「**きれいな**鳥」「**大きな**犬」

このように、人やモノの姿や性質、ありさまを表す言葉のことを「形容詞」というんだ。さっき、ジョーが話したような、短い文の中に2つも出てくるくらい、よく使われているんだよ。

この「きれいな」「大きな」のように、姿や形をより詳しく言い表してくれる形容詞は、名詞を修飾するのが基本的なルールなんだ。「修飾」というのは、「ことばを飾ること」。つまり、形容詞は**名詞を飾る品詞**ということだよ。

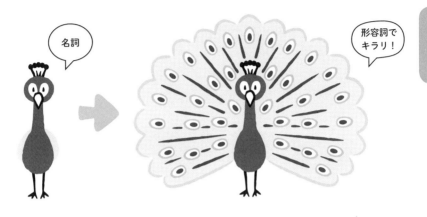

では、「きれいな鳥」と「大きな犬」を英語にするとどうなるか見てみよう。

aは「冠詞」。一羽の鳥、一匹の犬のように数を表しているよ。冠詞については Lesson 7（→ p.50）で詳しく学ぶよ。

形容詞は上のように「名詞」を修飾することがわかったかな。では次に、形容詞のもう一つの重要な役割である、文の中でC（補語）になることについて学んでいこう。

「オイラ、形容詞って飾りだから、オマケみたいなものかと思っていたけど、文の要素にもなるんだね」

　そうなんだ。Lesson 2（→p.37）に出てきた I am a frog.（僕はカエルです）では、名詞 frog（カエル）が C（補語）だったけれど、happy（幸せな）のような形容詞が C（補語）になる文もたくさんあるんだよ。

S（主語）　　V（動詞）　　C（補語）

　　I　　　am　　　a frog.　　　（僕はカエルです）
　　　　　　　　　　　名詞

S（主語）　　V（動詞）　　C（補語）

　　I　　　am　　　happy.　　　（僕は幸せです）
　　　　　　　　　　　形容詞

形容詞も補語になるんだよ！

「ホントだ！　C（補語）のところに形容詞がピッタリと収まっているね」

　このような「主語＋be動詞＋補語（形容詞）」の使い方は、英文の基本的なパターンとしてよく使われるから、ここで覚えておこうね。

例　主語＋be動詞＋補語（形容詞）

I am hungry.（僕はお腹がすいています）

You are great.（あなたは素晴らしいです）

＊hungry「空腹な」　great「素晴らしい、すごい」

《こんな言葉も形容詞！》

(A) 感情

afraid（恐れて）、angry（怒った）、confident（自信を持って）、glad（うれしい）、jealous（嫉妬して）、lonely（さびしい）、nervous（緊張して）、proud（誇りに思って）、sad（悲しい）、sorry（気の毒で；申し訳なく思って）

(B) 数

one（1つの）、two（2つの）、three（3つの）、four（4つの）、five（5つの）、six（6つの）、seven（7つの）、eight（8つの）、nine（9つの）、ten（10つの）

数字を表す単語は three frogs（3匹のカエル）のように、名詞を修飾する形容詞として使う以外に、「3」という「名詞」としても使われるから注意してね！

(C) 色

black（黒色の）、blue（青色の）、brown（茶色の）、gray（灰色の）、green（緑色の）、orange（オレンジ色の）、pink（ピンク色の）、purple（紫色の）、red（赤色の）、white（白色の）、yellow（黄色の）

色を表す単語も green frogs（緑色のカエル）のように名詞を修飾する形容詞として使う以外に、「緑色」という「名詞」としても使われるよ。

Lesson 4

副詞のキホン

あちこち動き回るぞ！　自由人の「副詞」

　品詞の中で、一番自由に動き回れる「副詞」について学んでいこう。これまで出てきた品詞（名詞、動詞、形容詞）は、文の要素であるＳ（主語）、Ｖ（動詞）、Ｏ（目的語）、Ｃ（補語）になることができた。でも、副詞はこれらと違って、文の要素（＝主要メンバー）にはなれないんだ。言い換えれば、**副詞がなくても、英語の文は成り立つ**ということなんだよ。

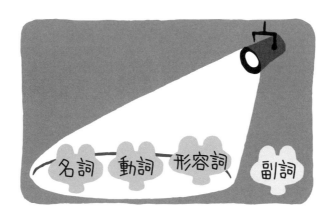

「副詞」というと、ケロはどんなものをイメージするかな？

 「『副』がついているから、なんだか生徒会の副会長みたいだね」

　そのイメージ通り、副詞は会長をサポートする副会長のような、いわば**サブ的な品詞**なんだ。だけど、サブはサブでも、いろいろな品詞を修飾してくれる、とても心強い品詞なんだ。

 「『修飾』といえば、形容詞も名詞を修飾する役割があったよね」

042

副詞にも形容詞と同じように**修飾する**という役割があるんだけど、修飾する相手（＝品詞）が違うんだよ。形容詞は「名詞」を修飾するけれど、副詞は基本的に「名詞」を修飾することはできないんだ。「名詞」以外の**「動詞」「形容詞」「副詞」**、そして時には**「文全体」**を修飾するんだよ。

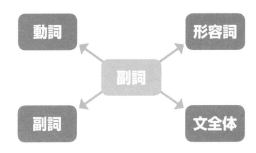

　では、どのように副詞がほかの品詞を修飾するのか、確認しよう。次の文を見てごらん。

Kero swims fast. （ケロは速く泳ぐ）

> swimについているsはLesson 2で出てきた「三単現（三人称・単数・現在）のs」だね（→p.35）。fastは「速く」という意味の副詞だよ。

　この文は副詞fastがなくても、Kero swims.（ケロは泳ぐ）だけで文として理解できる。でも、ケロが速く泳ぐのか、ゆっくりと泳ぐのかといった泳ぐ様子まではわからないよね。
　そんなときこそ、副詞の出番！　fast（速く）や slowly（ゆっくりと）といった副詞が動詞swimsを修飾することで、その様子を詳しく説明することができるんだ。

> 副詞については、Lesson 13（→p.106）で詳しく見ていくよ。

Lesson 5

代名詞のキホン

名詞の代わりになってね！ 「代名詞」

　品詞の中で最初に説明した「名詞」（→p.26）には、その影武者のような働きをする**「代名詞」**という品詞があるんだ。「代名詞」は、その名の通り、名詞の代わりになってくれる、とても便利な品詞なんだよ。

　では、代名詞がどんなものなのか学んでいこう。まずは、次の日本語の文を読んでみよう。

ケロはとても速く泳ぐ。**ケロ**は小さいころから泳ぐ練習をしてきたからだ。**ケロ**は平泳ぎが一番得意だ。だから、**ケロ**は平泳ぎであれば、ずっと泳いでいられる。

　「ケロ　ケロ　ケロ　ケロ……。いくらなんでも『ケロ』を言い過ぎだよー」

　こんな文を読むと、少しイライラしてしまうよね。それは英語でも同じことなんだよ。英語は、同じ単語を繰り返し使うのを嫌う言語。だから、Kero, Keroと何度も言われたら、ウンザリしてしまうんだ。でも、安心して！　こんなときにKeroを言い換えられる便利な品詞。それが「代名詞」なんだ。

　では、実際に名詞Keroを代名詞に言い換えてみよう。

Kero swims fast.　　（ケロは速く泳ぐ）
↓　代名詞heに言い換える
He swims fast.　　（彼は速く泳ぐ）

このように、S（主語）の名詞Keroは**代名詞he（彼は）**に言い換えることができるんだよ。

<ruby>人称<rt>にんしょう</rt></ruby>代名詞

heのような代名詞は人称代名詞といって、文の中でどのように<ruby>機能<rt>きのう</rt></ruby>するかによって形が変わるんだ。

「主語」として機能する⇒「<ruby>主格<rt>かく</rt></ruby>」

人称	単数形（一人、一つ）	<ruby>複数形<rt>ふくすう</rt></ruby>（二人 [二つ] 以上）
一人称	I（<ruby>私<rt>わたし</rt></ruby>は）	we（私たちは）
二人称	you（あなたは）	you（あなたたちは）
三人称	he（彼は）／she（<ruby>彼女<rt>かのじょ</rt></ruby>は）／ it（それは）	they（彼らは／彼女らは ／それらは）

Meg swims fast. 　（メグは速く泳ぐ）

↓　Meg（三人称の女性で単数形）はsheに置き換えられる

She swims fast. 　（彼女は速く泳ぐ）

Kero and Meg are friends. 　（ケロとメグは友達です）

↓　Kero and Meg（三人称の複数形）はtheyに置き換えられる

They are friends. 　（彼らは友達です）

The flower is beautiful. The flower is pink.

（その花は美しいです。　　　　　the flower（三人称のモノで単数形）は
　その花はピンク色です）　　↓　itに置き換えられる

The flower is beautiful. It is pink.

（その花は美しいです。それはピンク色です）

「目的語」として機能する⇒「目的格」

人称	単数形	複数形
一人称	me（私を）	us（私たちを）
二人称	you（あなたを）	you（あなたたちを）
三人称	him（彼を）／her（彼女を）／it（それを）	them（彼らを／彼女らを／それらを）

I trust Kero.　　（私はケロを信頼しています）

↓　Kero（三人称の男性で単数形）はhimに置き換えられる

I trust him.　　（私は彼を信頼しています）

I trust Kero and Meg.　　（私はケロとメグを信頼しています）

↓　Kero and Meg（三人称の複数形）はthemに置き換えられる

I trust them.　　（私は彼らを信頼しています）

「～の」と所有者を表す意味になる⇒「所有格」

人称	単数形	複数形
一人称	my（私の）	our（私たちの）
二人称	your（あなたの）	your（あなたたちの）
三人称	his（彼の）／her（彼女の）／its（それの）	their（彼らの／彼女らの／それらの）

my bag（私のバッグ）　　our school（僕らの学校）

your team（あなたのチーム／あなたたちのチーム）

their plan（彼らの計画）

「～のもの」という意味になる⇒「所有代名詞」

人称	単数形	複数形
一人称	mine（私のもの）	ours（私たちのもの）
二人称	yours（あなたのもの）	yours（あなたたちのもの）
三人称	his（彼のもの）／ hers（彼女のもの）	theirs（彼らのもの／ 彼女らのもの／それらの もの）

That bag is my bag.　　（あのバッグは私のバッグです）

↓　「所有格my＋名詞」はmineに置き換えられる

That bag is mine.　　（あのバッグは私のものです）

This book is her book.　　（この本は彼女の本です）

↓　「所有格her＋名詞」はhersに置き換えられる

This book is hers.　　（この本は彼女のものです）

　このように、人称代名詞は「主格・目的格・所有格・所有代名詞」といった種類があって、それぞれ形も異なるんだ。これらはよく使うから、きちんと覚えておこう。

Lesson 6

前置詞のキホン
ぜん ち し

名詞とセットで使われる「前置詞」

　「**前置詞**」について学んでいこう。前置詞は in や on のような短い単語がほとんどなんだ。「前置詞＋名詞」の形で、「場所」を表したり、「時」や「手段」などを表したりできる、とても便利な品詞なんだよ。
しゅだん

前置詞	＋	名詞

　では、次の文に「どこで」泳ぐのか、前置詞を使って**「場所」**をつけ加えてみよう。

```
 S        V
┌─┐    ┌────┐
  I       swim.    （僕は泳ぐ）
                    ぼく
```

　「オイラはいつもホタル池で泳いでいるから、『ホタル池』をつけ加えようよ」

　よし、では「ホタル池で」をつけ加えてみよう。
　「場所」をつけ加えたいときに活躍してくれるのが前置詞で、その名の通り、
かつやく
何かの前に置く品詞なんだ。何の前に置くかというと、「前置詞」は**「名詞」**や**「代名詞」**の前に置くという基本的なルールがあるんだよ。
きほん

　それでは、「僕は池で泳ぐ」を英語にしてみよう。英語では「僕は／泳ぐ／池で」のように S（主語）→ V（動詞）の語順になることに注意してね。

S　V

I　swim **in** Hotaru pond.　　（僕はホタル池で泳ぐ）

前置詞＋名詞

＊pond「池」

　前置詞inに注目しよう。Hotaru pondという名詞の前にinを置いているね。このinは「〜で」という意味の場所を表す前置詞だよ。では、もう一つ例文を見てみよう。

S　V

Kero sits **on** the chair.　　（ケロは椅子に座る）

前置詞＋名詞

＊chair「椅子」

　前置詞onに注目しよう。onは「《接触を表して》〜に」という意味で、これも名詞chairの前にonを置いて、**「前置詞＋名詞」**で場所を表しているね。

　「前置詞＋名詞」の組み合わせは、このほかにも**「時」**（on Monday：月曜日に）や**「手段」**（by bus：バスで）も表すことができるんだ。

S　　　V

Kero swims on Mondays.　　（ケロは毎週月曜日に泳ぐ）

前置詞＋名詞

＊Mondaysと複数形にすると「毎週月曜日」の意味になる。

S　　V

Meg goes home by bus.　　（メグはバスで家に帰ります）

前置詞＋名詞

　「へぇー、前置詞って、名詞とセットで『場所』『時』『手段』などを表現できるのか！　便利だね」

「前置詞＋名詞」の組み合わせは、Lesson 15 形容詞句（→p.179）とLesson 16の副詞句（→p.205）で詳しく取り上げるよ。

Lesson 7

冠詞のキホン

「冠詞」は英語ならではのこだわり

　これ以上ないほどシンプルなつづりの単語なのに、私た
ち日本人にとって使いこなすことが難しい品詞が**冠詞**だよ。
「冠詞」の「冠」は、頭にかぶる「かんむり」のこと。つ
まり、何かの「頭にかぶる詞」なんだ。

 「いったい、何の頭にかぶる詞なの？」

　「冠詞」は形容詞のように、前から「名詞」にかぶさって使う品詞なんだ。
a frog や on the chair の a/an や the が「冠詞」なんだよ。

冠詞		名詞
a/an　the		

前から修飾

ただし、同じ冠詞でも、a/an と the には大きな違いがあるんだ。
次の会話を見てみよう。

A frog is swimming.
（カエルが泳いでいるよ）

The frog is Kero.
（あのカエルはケロだよ）

「最初の文は a で、二つ目の文は the だね」

a には「1つの〜、1匹の〜」という意味があって、数えられる名詞の単数形につける「不定冠詞」という種類の冠詞なんだ。

「ふ、ふていかんし?」

「不定」というのは、「決まっていない」という意味。つまり、a frog は、「カエル」ということはわかるけど、それがどのカエルなのかわからない（＝特定できない）ので、a を使っているんだよ。

「じゃあ、an はどんなときに使うの?」

an は、an apple のように、修飾する名詞が母音（日本語のアイウエオに似た音）で始まるときに使うんだ。

a frog（1匹のカエル）
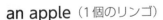
[f] ← 子音（＝母音以外の音）のときは a

an apple（1個のリンゴ）
[æ] ← 母音のときは an

一方、the は「定冠詞」と呼ばれていて、すでに一度話題に出ている名詞を指すときや、会話をしている人たちがお互い何のことかわかっているときに、「その○○」「あの○○」という意味で使うんだ。つまり、the frog は、「(話題に出ている)あのカエル」のように特定のカエルを意味するということなんだよ。

「The frog is Kero.（あのカエルはケロだよ）で the が使われているのは、どこかの知らないカエルではなく、(話題に出ている)泳いでいるカエルということがわかっているからなんだね」

Lesson 8

接続詞のキホン

架け橋の役割を果たす「接続詞」

　日本語であれ英語であれ、「カエル！」「リンゴ！」のように単語だけ言っても、コミュニケーションをうまくとることは難しい。やはり、単語と単語をつなげて、意味のある表現にしていく必要があるよね。そんなときに助けてくれるのがandやbutなどの**接続詞**なんだ。

　日本語で「ケロとジョー」と言うとき、この「と」にはどんな役割があると思う？

　「『ケロ』と『ジョー』をつないで、一つにしているよ」

　そうだね！　このように言葉と言葉をつなぐ働きをする品詞が「**接続詞**」。例えば、「ケロとジョー」は**and**（〜と〜）という接続詞を使って、Kero **and** Joe と表すことができるんだ。

Kero and Joe　　　名詞のKeroとJoeをつなぐよ！

　andは単語と単語をつなぐだけではなく、「**句**」と「**句**」を結びつけることもできるんだよ。次の文を見てみよう。

three books　and four pens　（3冊の本と4本のペン）

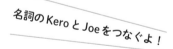

句は　　で囲ってある部分で、「主語」と「動詞」を含まない2語以上のかたまりだったね。

andはさらに、**「節」**と**「節」**も結びつけることができるんだ。次の文を見てみよう。

①Kero cooks and ②Joe eats.

（ケロが料理して、ジョーが食べる）

節は ◯ で囲んである部分。「主語」と「動詞」を含むかたまりだったね。

「なんだかいきなり文が長くなって、難しくなった気がするよ……」

「節」が含まれると、どうしても文は長くなってしまうからね。でも、この文はKero and Joeのように単語と単語をつなげているときと同じ形をしているんだ。接続詞andが「①の節」と「②の節」を対等な関係で結びつけているんだよ。

このように対等な関係で結びつける接続詞は、**「等位接続詞」**と呼ばれていてand以外に次のようなものがあるんだ。

A but B（AだけれどB）
rich but lonely（お金持ちだけれど孤独な）　＊形容詞richと形容詞lonelyを結ぶ。

A or B（AもしくはB）
bus or train（バスもしくは電車）　＊名詞busと名詞trainを結ぶ。

ちなみに、対等な関係ではなく、「メインになる節」と「サブになる節」という関係で結びつける接続詞（＝従属接続詞）もあるけど、これについては第3章のLesson19 副詞節（→p.290）で学んでいくよ。ここでは**「接続詞＝つなぐ」**というイメージをしっかりおさえておこう！

LOOK 目 で 見 て 理 解

名詞

frog, apple, Kero, Meg, English, Japan, Kyoto, happiness, wisdom など

人やモノ、場所、概念（がいねん）などを指す。文の中で「主語」「目的語」「補語」になる重要な存在。

代名詞

I, we, you, he, she, it, they など

名詞の代わりを務める影武者（かげむしゃ）的存在。同じ単語（名詞）の繰（く）り返しを避（さ）けることができる。

動詞

be (am, is, are, was, were),swim, study, eat など

文の形（＝文型）を決定する重要な存在。「be 動詞」と「一般動詞」に分かれる。「一般動詞」は、うしろに目的語を取るかどうかで「自動詞」と「他動詞」に区別される。

形容詞

beautiful, big, happy, hungry, great, kind など

物事の姿（すがた）や性質（せいしつ）、ありさまを表す。名詞を修飾（しゅうしょく）したり、「補語」として機能（きのう）する。

副詞

fast, slowly, very, really, honestly, clearly, often, there など

文の要素にはならないサブ的存在。しかし、「動詞」「形容詞」「副詞」「文全体」を修飾することができ、活躍の場は多岐に渡る。

前置詞

in, on, by など

「前置詞＋名詞」の形で「場所」「時」「手段」などを表す。

接続詞

and, but, or, when, because など

語と語をつなぐ架け橋の役割を担う。「語」だけでなく、「句」や「節」もつなぐことができる。

冠詞

a, an, the

不特定の一つを指す「不定冠詞（a/an）」と特定のものを指す「定冠詞（the）」に分かれる。前から名詞を修飾する。

Lesson 9

時制のキホン

「動詞」が「現在・過去・未来」を伝える

　英語の場合、ある動作や状態がいつのことなのか、「動詞」の形を変化させることによって、「現在・過去」を表すんだ。このような「時」を表すための動詞の語形変化のことを「時制」というんだよ。

　ここでは、時制の基本である「**現在時制**」と「**過去時制**」、ならびに助動詞を用いて表す「**未来表現**」の3つについて学んでいこう。

be動詞

　動詞には「be動詞」と「一般動詞」の2種類があったね（→p.31）。まずは「be動詞」の時制について見ていこう。

【現在時制】

主語に応じて am/is/are を使い分ける。（→p.32　be動詞の変化表 参照）

Kero **is** a frog. （ケロはカエルです）

【過去時制】

主語に応じて was/were を使い分ける。（→p.32　be動詞の変化表 参照）

Kero **was** a good boy. （ケロはいい子でした）

【未来表現】

「未来を表す助動詞 will ＋原形の be」を用いる。

Kero **will be** a leader. （ケロはリーダーになるでしょう）

●　　　　　　　●　　　　　　　●

過去	現在	未来
was/were	am/is/are	will be

一般動詞

次に「一般動詞」の時制について見ていこう。ケロにとって、一番なじみのある動詞swim（泳ぐ）を例にとって学んでいこう。基本ルールは次の通りだよ。

【現在時制】

「動詞の原形」をそのまま使う。主語が「三人称」かつ「単数」のときは、動詞の語尾に「三単現」の《-s》もしくは《-es》をつける。

Kero **swims** in the pond.（ケロは池で泳ぐ）

> 「三単現」というのは、「三人称」「単数」「現在形」をまとめて表す表現で、固有名詞Kero（ケロ）は「三人称」かつ「単数」だったね。

【過去時制】

動詞の語尾に《-ed》もしくは《-d》をつける。不規則変化する動詞は、該当する過去形を用いる。

Kero **swam** in the pond.（ケロは池で泳いだ）

＊現在形swim－過去形swam－過去分詞形swum

【未来表現】

「未来を表す助動詞will＋動詞の原形」を用いる。

Kero **will swim** in the pond.（ケロは池で泳ぐでしょう）

過去	現在	未来
語尾に-(e)d（不規則変化する動詞もあり）	原形もしくは語尾に-(e)s	will＋動詞の原形

「be動詞と一般動詞の『現在・過去・未来』を習ったから、これで英語の時制はカンペキだね！」

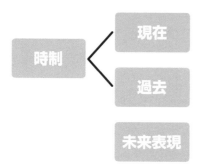

時制の基本はおさえたけれど、まだ知っておきたいことがいくつかあるんだ。ここでは、そのうちの一つである**「進行形」**について見ていこう。進行形というのは、「〜している状態」について表す形のことだよ。

「swim や swims という現在形ではダメなの？」

前のページに出てきた Kero **swims** in the pond.（ケロは池で泳ぐ）は、泳いでいる状態を表しているわけではないんだ。これは、池で泳ぐ習慣を表しているんだよ。

泳いでいる状態を表すときに使うのが、《**be動詞 +*doing***》という進行形なんだ。進行形も時制に応じて使い分けるよ。

【現在進行形】

《am/is/are+*do*ing》で今まさに進行中の動作を表す。

Kero **is swimming** now.（ケロは今、泳いでいるところです）

* now「今」

【過去進行形】

《was/were+*do*ing》で過去のある時点で進行中の動作を表す。

Kero **was swimming** then.（ケロはそのとき泳いでいました）

* then「そのとき」

【未来進行形】

《will be+*do*ing》で未来のある時点で進行中であろう動作を表す。

Kero **will be swimming** tomorrow morning.

（ケロは明日の朝、泳いでいるでしょう）

* tomorrow morning「明日の朝」

過去	現在	未来
was/were + *do*ing	am/is/are + *do*ing	will be + *do*ing

Lesson 10

文型のキホン

文の構造の基礎のキソ　5つの文型

　初めて英語の文を目にしたとき、それはまるで呪文のようにわけの
わからない文字の集まりに見えたんじゃないかな。しかし実のところ、
英語の文は規則的に並んでいるんだ。その規則を知るための、とって
おきの手がかりになるのが**「5つの文型」**だよ。

　ここでは、Introduction 5 (→p.19) で取り上げた文型を、ひとつひとつ丁寧
に見ていこう。

 ### ① S（主語）＋V（動詞）

　一番シンプルな文型から見ていこう。英語の文に必ず必要なのが、S（主語）
とV（動詞）だったね。英語はこのS（主語）とV（動詞）という2つの組み合
わせだけでも意味が成立するんだ。

S（主語）　V（動詞）

I　　swim.　　（僕は泳ぐ）

> この本で一番初めに出てきた英文だね。たった2つの単語でできている文だけど、
> 意味はちゃんと伝わるね。

　このようにS（主語）＋V（動詞）だけで成り立つ文の形が、1つ目の文型だよ。

 　「2つの単語だけで文ができるなんて、もしかして英語ってすごく簡単
なのかもっ！」

そうだといいけど、やっぱりそんなに簡単ではないんだ。SV文型でも、Kero swims fast. ように、2つ以上の単語でできている文もあるんだよ。

修飾

S（主語）　　V（動詞）

Kero　　swims　fast.　　（ケロは速く泳ぐ）

副詞（修飾語）

　この文では、fast（速く）という副詞が動詞swimsを修飾して、どのくらいの速さで泳ぐのかという情報を追加しているんだ。副詞fastはS（主語）・V（動詞）・O（目的語）・C（補語）という文の要素には含まれない「修飾語」。だから、これもSV文型なんだよ。

「なるほど、SV文型の文であっても、2語とは限らないんだね！　副詞fastのような修飾語がついていることもあるのか」

では、もう少し長いSV文型の文も見てみよう。

修飾

S（主語）　　V（動詞）

I　　swim　　in Hotaru pond.　　（僕はホタル池で泳ぐ）

修飾語

in Hotaru pondは2語以上の単語のかたまりだから「句」と考えられるけど、これについては第2章で詳しく取り上げるよ。今は修飾語と考えておいてね。

　これはLesson 6（→p.49）で出てきた文だね。5つの単語で成り立っているけれど、これもSV文型の文なんだ。I swim.（僕は泳ぐ）でも文として成り立っているけど、相手に伝える情報としては少し物足りないよね。うしろに修飾語in Hotaru pondを加えることで、「ホタル池で」という場所の情報を追加しているわけなんだ。

副詞や前置詞＋名詞は、あくまでもほかの品詞を飾るためのサブ的な存在（＝修飾語）ではあるけれど、伝える内容に深みを出してくれる頼もしい存在でもあるんだ。

SV文型に修飾語が含まれた文をいくつか紹介しておこう。

例　**SV文型＋修飾語**

Kero often <u>swims</u>.（ケロはしばしば泳ぐ）

Meg <u>jumps</u> high.（メグは高く跳ぶ）

Joe always <u>smiles</u>.（ジョーはいつもほほ笑んでいる）

She <u>dances</u> beautifully.（彼女は美しく踊る）

They <u>swim</u> together.（彼らは一緒に泳ぐ）

My cat <u>sleeps</u> in my room.（うちの猫は私の部屋で眠るよ）

I <u>am</u> at the office now.（私は今、オフィスにいます）

＊　　　部分が修飾語。＿＿は修飾されている動詞。

> 最後の文は、「場所」を表すat the office（オフィスで）と、「時」を表すnow（今）という2つの修飾語がついているよ。

---

② S（主語）＋V（動詞）＋C（補語）

2つ目の文型は、V（動詞）にbe動詞、もしくはいくつかの決まった一般動詞が入り、そのあとにC（補語）がくる文型だよ。

S（主語）　　　V（動詞）　　　C（補語）

I　　　am　　　a frog.　　（僕はカエルです）

これはIntroduction 4（→p.18）で出てきた文だね。
まずは復習からだ。ケロ、C（補語）って、どんなものだったか覚えているかな？

「『主語』が『何者』なのかを言い表してくれる語のことだったよね？」

その通り！　S（主語）が何者か、つまりS（主語）について補足説明する語だったね。そして、a frog（カエル）のような名詞だけではなく、happy（幸せな）のような形容詞もC（補語）になることができたね（→p.40）。

S（主語）　　　V（動詞）　　　C（補語）

I　　　am　　　happy.　　（僕は幸せです）

SVC文型の文では名詞と形容詞がC（補語）になることに加えて、あと2つのポイントがあるんだ。まず1つ目は、S（主語）とC（補語）の間にイコール（＝）の関係が成り立つということだよ。

「いったい、どういうこと？」

では、実際にSVC文型の文を見て確認してみよう。

frogやhappyは
Iのことを表しているよ！

「なるほど。たしかに、C（補語）はS（主語）のことを表しているね」

　2つ目のポイントは、V（動詞）で使われる動詞が決まっていることだよ。I am a frog. のamのようなbe動詞と、いくつかの決まった一般動詞が使われるんだ。例えば、次のような動詞だよ。

　　　　　*became「become（〜になる）の過去形」、got「get（〜になる）の過去形」

「えっ!?　getって『手に入れる』って意味だと思っていたよ！　ポケモンでサトシが『ゲットだぜ！』って言ってたし……」

　もちろん、getには「〜を手に入れる」という意味もあるけど、動詞が持つ意味は、何も一つだけとは限らないんだ。それ一つだけでいろいろな模様を見られる万華鏡のように、一つの動詞にもたくさんの意味があるんだよ。

「そうなんだ。ところで、このSVC文型で使う一般動詞って、becomeやgetのほかにはどんなものがあるの？」

それでは、代表的なものを紹介しておこう。

| 例 | **SVC文型の形をとる一般動詞** |

・look（〜に見える）
　Kero looks happy.（ケロは幸せそうに見える）

・feel（〜と感じる）
　Kero feels happy.（ケロは幸せに感じる）

・remain（〜のままである）
　Kero's face remains serious.（ケロの顔はあいかわらず真剣なままだ）

・smell（〜のにおいがする）
　The soup smells delicious.（そのスープはおいしそうなにおいがする）

・sound（〜に聞こえる、〜に思える）
　That sounds good.（それはいいですね）

・turn（[ある色や状態]になる）
　Kero's face turns red.（ケロの顔は赤くなる）

redは名詞の「赤、赤色」だけでなく、形容詞で「赤い、赤色の」という意味もあるんだよ。ここで使われているredは形容詞だね。

③S（主語）＋V（動詞）＋O（目的語）

　では、3つ目の文型について学んでいこう。この文型ではV（動詞）のうしろにO（目的語）が置かれるよ。動詞にはbe動詞と一般動詞（自動詞と他動詞の2種類）があったのを覚えているかな？（→p.31）このSVO文型で使われるのは、このうちの**一般動詞（他動詞）**だけなんだ。

　まずは復習から始めよう。ケロ、O（目的語）って、どんなものだったか覚えているかな？

　「I have a passport.（僕はパスポートを持っている）のpassportのことだよね？」

　その通り！　「僕は○○を持っている」の「○○」の部分がO（目的語）だったね。もし、この文にO（目的語）のpassportがないと、I have.（僕は持っている）となってしまって、「何」を持っているのかわからなくなってしまうよね。SVO文型では、このhave（～を持っている）のように、うしろにO（目的語）を必要とする「**他動詞**」がV（動詞）に入るんだよ。

S（主語）	V（動詞）	O（目的語）
I	have	a passport.

（僕はパスポートを持っている）

　「そうか、じゃあ他動詞を覚えちゃえば、この文型はカンペキだね！」

　そうだといいけど、他動詞は山ほどあるから、一気に覚えるのはとても大変。他動詞は日常生活の中でもよく使われる動詞だから、ひとつひとつ出てきたときに覚えていくことをおススメするよ。それでは、生活の中で使われる他動詞をいくつか紹介しておこう。

例　SVO 文型の形をとる他動詞

・wash（〜を洗う）
I wash my face.（私は顔を洗う）

・have（[食事]をとる）
I have breakfast at 7:00 a.m.（私は午前7時に朝食をとる）

・brush（〜を磨く）
I brush my teeth after breakfast.（私は朝食後に歯を磨く）

「たしかに毎日の生活の中で出てくる言葉だね！」

　もちろん、このほかにも私たちの生活は、SVO 文型の形をとる他動詞で満ちあふれているんだ。

「でも、どうやって他動詞を調べればいいんだろう？」

　英和辞書には、動詞の項目に⃞自・⃞他というマークがついていて、⃞自は自動詞、⃞他は他動詞を表しているんだ。辞書を引いて単語を調べるとき、このマークを意識してみよう。⃞他のマークがついていたら、「あぁ、この動詞は他動詞だから、うしろにO（目的語）が必要なんだな」ということがすぐにわかるのでおススメだよ。

> 一つの動詞が⃞自・⃞他、両方の機能を持っていることもあるよ。例えば、stopには「⃞他〜をやめる」と「⃞自立ち止まる」の意味があるんだよ。

④S（主語）＋V（動詞）＋O（目的語）＋O（目的語）

②と③の文型では、V（動詞）のうしろは１つのC（補語）もしく
は１つのO（目的語）しかなかったけれど、ここからが正念場！　４
つ目の文型は、V（動詞）のうしろにO（目的語）が２つ登場するS（主
語）＋V（動詞）＋O（目的語）＋O（目的語）だよ。

 「O（目的語）が２つだなんて、聞くだけでやっかいそう」

ケロが感じているとおり、このSVOO文型は日本語を使う私たちにとって、
とてもやっかいなものなんだ。なぜなら、日本語は人にまつわるO（目的語）を
よく省略しているからね。

 「人にまつわるO（目的語）？」

例えると、次のような文だよ。

> ・これ（私に）ちょうだい。
> ・これ（あなたに）あげるよ。
>
> 日本語ではS（主語）もよく省略されるんだったね。

このように、日本語ではあえて「私に」や「あなたに」と入れなくても、相手
はわかってくれるよね。だけど、英語の場合は違うんだ。SVOO文型を使って、
最初のO（目的語）に「人」、２番目のO（目的語）に「モノ」を入れて、「Sは
人にモノをVする」ときっちり伝える必要があるんだ。

S（主語）	V（動詞）	O（目的語）	O（目的語）
Sは	Vする	人に	モノを

「うーん、なんだかムズカシそうだなあ……」

　難しそうに見えるかもしれないけど、大丈夫！　実は、この文型をとる動詞は決まっているんだ。では、SVOO文型をとる動詞giveを使った文を見てみよう。

give（〜に…を与える）

S（主語）	V（動詞）	O（目的語）	O（目的語）	
She	gives	me	money.	（彼女は私にお金をくれる）
		（人）	（モノ）	

　ほかにも、次のような動詞がSVOO文型をとるので紹介しておこう。

例　SVOO文型の形をとる動詞

・show（〜に…を見せる）
　It shows us reality.（それは私たちに現実というものを見せてくれる）

・teach（〜に…を教える）
　He teaches us English.（彼は私たちに英語を教えてくれます）

---

⑤ S（主語）＋V（動詞）＋O（目的語）＋C（補語）

これが最後の文型だよ。この文型では、動詞のうしろにO（目的語）とC（補語）が続くんだ。このSVOC文型で重要なのは、O（目的語）＝C（補語）の関係が成り立つこと。では、さっそく例文を見てみよう。

SVOC文型は、このようにO（目的語）とC（補語）がイコールの関係になっているという特徴があるんだ。

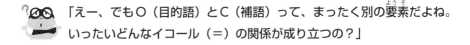「えー、でもO（目的語）とC（補語）って、まったく別の要素だよね。いったいどんなイコール（＝）の関係が成り立つの？」

いい質問だね。実は、そのカギは動詞にあるんだよ。上の例文の動詞callは「〜を…と呼ぶ」という意味。だから、call him Keroの部分は、「彼をケロと呼ぶ」という意味になるんだ。

「なるほど」

このcall him Kero（彼をケロと呼ぶ）の部分をよーく見てみよう。him（彼を）とKero（ケロ）はどちらもケロ（同じ人物）のことを指しているよ。

「あっ、ホントだ！」

SVOC文型は、このようにO（目的語）とC（補語）が同じ人［モノ］のことを指しているんだ。

「でもさ、C（補語）になれるのは『名詞』や『形容詞』のように違う品詞の場合もあるよね。どちらの品詞が入っても、O（目的語）＝C（補語）の関係は成り立つの？」

どちらの品詞が入ったとしても、O（目的語）＝C（補語）という関係は成り立つんだ。次の２つの文を比べてみよう。（A）の文では名詞が、（B）の文では形容詞がC（補語）になっているよ。

(その映画が彼女をスターにしました)

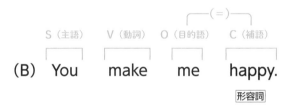

(あなたは私を幸せにしてくれます)

（A）の文では、「her＝a star」、（B）の文では「me＝happy」の関係がきちんと成り立っているね。

「あれ？　先生、makeって『〜を作る』って意味じゃなかったっけ？ここでは違う意味になっているけど……？」

たしかに、makeには「〜を作る」という意味があるけど、それはmakeのほんの一面に過ぎないんだ。ここでのmakeは**「〜を…の状態にする」**という意味で、これもよく使われるので覚えておこう。

「SVC文型では、S（主語）＝C（補語）の関係だったけど、SVOC文型ではO（目的語）＝C（補語）の関係になるんだ。C（補語）は一筋縄じゃいかないんだねえ」

　そう。まさにC（補語）には二面性があるってことだね。何を補うかはV（動詞）に入る動詞によって違うというわけだ。SVC文型ではS（主語）を、SVOC文型ではO（目的語）を補足説明しているのがポイントだよ。

　callやmake以外にSVOC文型をとる動詞も紹介しておこう。

例　**SVOC文型の形をとる動詞**

・name（〜を…と名づける）
　We named him Kero.（私たちは彼のことをケロと名づけました）
　　　（him＝Kero）

・keep（〜を…の状態に保つ）
　Exercise keeps her healthy.（運動で彼女は健康を保っています）
　　　（her＝healthy）

＊下線部はC（補語）

> 直訳すると「運動は彼女を健康な状態に保つ」だね。

LOOK 目で見て理解

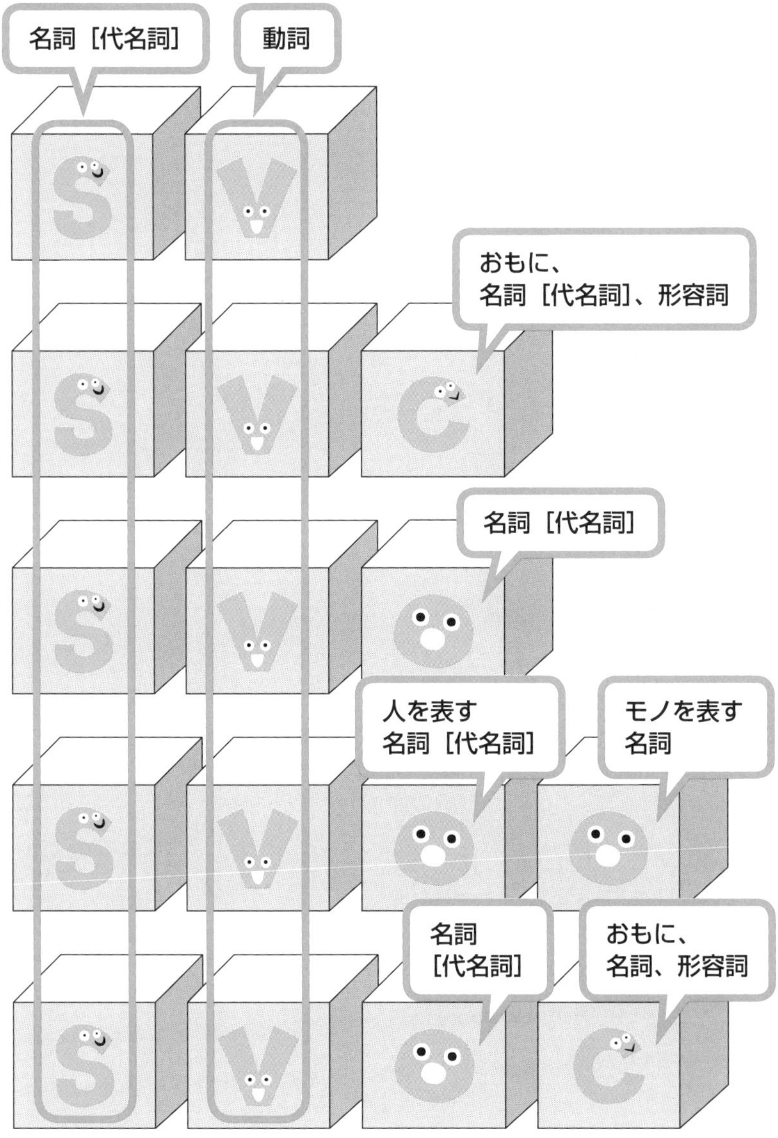

名詞［代名詞］
動詞
S
V
おもに、
名詞［代名詞］、形容詞
S
V
C
名詞［代名詞］
S
V
人を表す
名詞［代名詞］
モノを表す
名詞
S
V
名詞
［代名詞］
おもに、
名詞、形容詞
S
V
C

知っておきたい！

■命令文と感嘆文（かんたん）

　英語の文には「主語」と「動詞」が必要と言ったけれど、実は、S（主語）がない文もあるんだ。

「ええっー！　あれだけS（主語）が大事と言っていたのに！」

　もちろん、普通の文ではS（主語）が必要だよ。S（主語）がなくてもOKなのは、「**命令文**」のときなんだ。

「命令？　なんだか、ずいぶんエラそうな感じじゃない？」

　「〜しなさい」といったエラそうな文だけが「命令文」ではないよ。例えば、ケロが緊急事態（きんきゅうじたい）に巻き込（ま き こ）まれて「助けて！」と叫（さけ）びたいときなんかも「命令文」になるんだよ。

助けて！　→　Help me!

　命令文はこのように「**動詞の原形**」で始めるんだ。

　そして、命令文のほかにもう一つ、普通の文とは違（ちが）う「**感嘆文**」と呼ばれる文があるよ。

「かんたんぶん？」

　「感嘆」というのは、驚愕（きょうがく）したり感心したりすることだよ。ジョーはクラスで「メグはなんて賢（かしこ）いんだ！」と、驚（おどろ）いたことない？

074

「もちろん、あるよ！」

　そのように感情をあらわにするときに使うのが感嘆文なんだ。例えば、次のような文だよ。

How smart Meg is!　（メグはなんて賢いんだ！）

What a smart girl Meg is!

（メグはなんて賢い女の子なんだろう！）

「形容詞smartのほうがS（主語）のMegよりも先にくるんだね」

　感嘆文は、How＋形容詞［副詞］＋S（主語）＋V（動詞）！もしくはWhat＋a[an]＋形容詞＋名詞＋S（主語）＋V（動詞）！の形をとるのが基本ルール。最後は「！」（感嘆符）で締めくくるんだよ。

「howとwhatはどう使い分ければいいの？」

　smart（賢い）のような形容詞を伝えたいときはhowを使って、a smart girl（賢い女の子）のように「形容詞＋名詞」のかたまりを伝えたいときはwhatを使うんだ。
　感嘆文で使われる副詞howは「なんて、なんと」、形容詞whatは「なんという〜」という意味で使われているんだよ。

> How fast Kero swims!（ケロはなんて速く泳ぐんだろう！）のように、「how＋副詞」のパターンもあるよ。

Lesson 11
名詞の役割

品詞の中でも主役級の役割を担うのが「名詞」と「動詞」だよ。「名詞」は状況に応じて、S（主語）、C（補語）、O（目的語）という文の要素になるので大忙し！　では、文をつくるうえで不可欠な名詞について学んでいこう。

 ①S（主語）になる

名詞の大きな役割の一つが、S（主語）になること。S（主語）というのは、文の中で「動作の主にあたるもの」、つまり**「誰が［は］」「何が［は］」**にあたる言葉だったね（→p.11）。SV文型の文を例に確認しよう。

SV文型

Kero swims.　（ケロは泳ぐ）

「ちょっと待って！　S（主語）って、文の中には必ず入っているよね。ということは、名詞は5つの文型すべてに出てくるってこと？」

その通り！　「名詞」のほかに、名詞の影武者のような存在である「代名詞」（→p.44）がS（主語）にくることもあるんだ。例えば、Keroを代名詞heに置き換えると、次の文のようになるよ。

Kero swims.　➡　He swims.

（ケロは泳ぐ）　　（彼は泳ぐ）

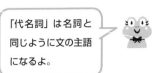

「代名詞」は名詞と同じように文の主語になるよ。

では、ほかの４つの文型でも、名詞［代名詞］がS（主語）になる例を見ていこう。

SVC文型

Meg　is　happy.　　（メグは幸せです）

SVO文型

Joe　studies　English.　　（ジョーは英語を学ぶ）

SVOO文型

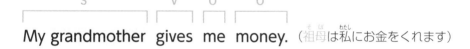

My grandmother　gives　me　money.（祖母は私にお金をくれます）

SVOC文型

Exercise　keeps　her　healthy.　（運動で彼女は健康を保っている）

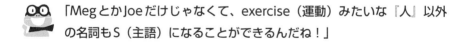「MegとかJoeだけじゃなくて、exercise（運動）みたいな『人』以外の名詞もS（主語）になることができるんだね！」

その通り。S（主語）になるのは「人」だけと思い込んでいたかもしれないけど、モノを表す名詞もS（主語）になるんだ。さらに、love（愛）やhappiness（幸福）のような、目に見えない抽象名詞もS（主語）になるんだよ。

② C（補語）になる

名詞の役割はS（主語）になることだけではないよ。C（補語）になることもできるんだ。5つの文型の中で、C（補語）が含まれるのはSVC文型とSVOC文型の2つだね。

Cの場所に「名詞」が入るよ

それでは、具体例を見ていこう。

SVC文型

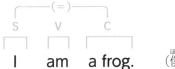

（僕はカエルです）

ここでは、名詞frogがC（補語）になっているね。SVC文型では、C（補語）がS（主語）を補足説明していて、S（主語）＝C（補語）の関係が成り立っているよ。

SVOC文型

（私は彼のことをケロと呼びます）

ここでは、名詞（固有名詞）のKeroがC（補語）になっているね。SVOC文型では、C（補語）がO（目的語）を補足説明していて、O（目的語）＝C（補語）の関係が成り立つよ。

③ O（目的語）になる

名詞はS（主語）やC（補語）になる以外に、**O（目的語）**になる役割もあるよ。
5つの文型の中で、O（目的語）が含まれるのは次の3つだったね。

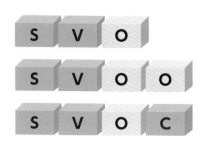

Oの場所に「名詞」が入るよ

では、名詞がO（目的語）になるパターンについて具体的に見ていこう。

SVO文型

S　　V　　O

I　study　English.　（僕は英語を学ぶ）

SVOO文型

S　　　　　　V　　O　　O

My grandmother　gives　me　money.　（祖母は私にお金をくれます）
　　　　　　　　　　　　（人）　（モノ）

SVOC文型

S　V　O　　C

I　call　the dog　Donchan.　（私はその犬をドンチャンと呼びます）

O（目的語）が含まれた３つの文型の中で、SVのうしろにO（目的語）が２つ続くSVOO文型に着目しよう。ケロは２つのO（目的語）に何が入るか覚えているかな？

 「最初のOには『人』、２番目のOには『モノ』が入るんだよね！」

　その通り！　前のページのMy grandmother gives me money. でも、最初のO（目的語）にはme（私に）という「人」を表す代名詞が入り、２番目のO（目的語）にmoney（お金）という「モノ」を表す名詞が入っているね。

 「meって、よく会話で使うExcuse me.（すみません）のmeと同じ単語だね」

　この「me」は「私に、私を」という意味で、人称代名詞 I の「目的格」と呼ばれるもの（→p.46）。SVOO文型で、人称代名詞がO（目的語）にくる場合は、meやusなどの「目的格」に変える必要があるんだ。

 「もしかして、目的語に入るから『目的格』っていうの？」

　当たり！　ちなみに、I（僕は）は主語として使うから「主格」と呼ばれているんだよ。

主格	所有格	目的格
I	my	me

Oの場所には
「目的格」が入るよ！

「それにしても、英語って本当に順番にこだわる言葉だねえ。My grandmother gives me money.（祖母は私にお金をくれる）の、me と money を入れ替えても意味はわかりそうなんだけどな」

たしかにそうだね。日本語の感覚だと、「別に入れ替えたっていいじゃない」って思うよね。

> ・祖母は 私に お金を くれる。
> ・祖母は お金を 私に くれる。

日本語の場合は、このように単語の位置を入れ替えても相手に伝わるよね。でも、英語の場合は違うんだ。動詞 give の直後に「モノ」を入れて、「give ＋モノ＋人」という語順にしてしまうと、正しい文にはならないんだよ。

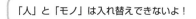

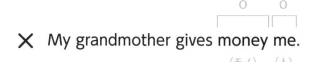

✕ My grandmother gives money me.
　　　　　　　　　　　　（モノ）　（人）

「人」と「モノ」は入れ替えできないよ！

もし、「モノ」を動詞の直後に置くのであれば、「give ＋モノ＋**前置詞 to** ＋人」のように、「前置詞」を入れて、文型を SVOO 文型から SVO 文型に変える必要があるんだよ。

「文型を変える？」

いったいどういうことなのか、次のページで確認しよう。

SVOO 文型

```
          S              V      O      O
My grandmother      gives   me   money.
                              (人)   (モノ)
```

SVO 文型

```
          S              V           O
My grandmother     gives   money   to me.
                              (モノ)      (人)
```

前置詞 to は「〜に、〜へ」という意味で、動作（give）の対象を表すよ。

「to me の部分はO（目的語）じゃないの？」

　Lesson 10（→p.61）で学んだように、このto me の部分は「修飾語」。だから、文に絶対必要な要素というわけではないんだ。「私に」という意味から「目的語かな？」と思ったかもしれないけれど、「前置詞＋（代）名詞」は動詞 gives を修飾する「修飾語」で、文の要素ではないんだよ。

```
          S              V           O
My grandmother     gives   money   to me.
                              (モノ)    修飾語
```

「修飾語」として動詞 gives を修飾

Look 目 で 見 て 理 解

名詞は色のついた箱に入るよ。つまり、V（動詞）以外、どこにでも登場するんだ。

Lesson 12

形容詞の役割

「名詞」を修飾する役割をもつ「形容詞」は、モノクロの世界に色をつける絵の具のような存在。単なる「鳥」という言葉も、「きれいな」という形容詞がつくことで、「きれいな鳥」と具体性を帯びてくるんだ。また、形容詞は名詞を飾るだけの存在ではなく、時にはC（補語）として、文の中で存在感を発揮するよ。では、英語の世界における形容詞の役割を見ていこう。

①形容詞が前から「名詞」を修飾する

形容詞は、名詞を修飾する役割を持つ品詞で、前から名詞を修飾する形が基本だったね（→p.39）。

$$\boxed{形容詞} \longrightarrow \boxed{名詞}$$

前から修飾

では、一番シンプルな修飾の仕方を確認しておこう。語順が日本語と一緒だから、わかりやすいよ。

a beautiful bird　　（きれいな鳥）
　形容詞　　名詞

a big dog　　（大きな犬）
　形容詞 名詞

②形容詞がうしろから「名詞」を修飾する

これまで学んできた「形容詞＋名詞」という形は、日本語と同じ語順だからわかりやすかったはず。でも、ここから英語らしさが出てくるよ。英語では、**「名詞＋形容詞」**という語順で、形容詞がうしろから名詞を修飾することもあるんだ。

| 名詞 | 形容詞 |

うしろから修飾

「一体どんなときに、うしろから名詞を修飾するの？」

一般的には、１つの形容詞で修飾するときは名詞の前から、形容詞＋修飾語（句）のように２語以上のときは名詞のうしろからと言われているけれど、実は単語の「数」だけの問題ではないんだ。名詞の**永久的［長期的］な状態**を表すときは前から、**一時的な状態**を表すときはうしろから修飾するというルールがあるんだよ。

【前から修飾】

| 形容詞 | 名詞 |

永久的［長期的］な状態を表す

【うしろから修飾】

| 名詞 | 形容詞 |

一時的な状態を表す

では、実際に例文を見てみよう。

```
       S                    V              C
┌─────────────────┐   ┌──────────┐   ┌──────────────────────┐
The  members present   were  not    aware  of  this.
     └─────┘ └─────┘
      名詞    形容詞
```

(出席メンバーはこのことに気づいていませんでした)

 「たしかに形容詞presentが、うしろから修飾してるね！」

（会議などに）出席するのは、members（メンバー）の永久的な状態ではなく、あくまでも**一時的な状態**。だから、うしろから名詞membersを修飾しているんだよ。

　形容詞presentは、前から修飾するときは「現在の〜」という意味だけど、うしろから修飾するときは「出席して」という別の意味で使われるんだ。このように、前からとうしろからで意味が異なる形容詞もあるから注意してね。

③文の中で「補語」になる

　形容詞のもう一つの大きな役割は、文の中でC（補語）になること。C（補語）が出てくる文型は、SVC文型とSVOC文型の2つだね。

Cの場所に「形容詞」が入るよ

　では、具体例を見ていこう。

SVC文型

I　am　happy.　（僕は幸せです）

　ここでは形容詞happyがC（補語）になっているね。SVC文型で、C（補語）はS（主語）を補足説明していて、**S（主語）＝C（補語）**の関係が成り立っているよ。

SVOC文型

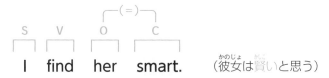

I　find　her　smart.　（彼女は賢いと思う）

> 「find＋O＋C」で「（経験などによって）OがCであることがわかる」という意味だよ。

　ここでは形容詞smartがC（補語）になっているね。SVOC文型で、C（補語）はO（目的語）を補足説明していて、**O（目的語）＝C（補語）**の関係が成り立っているよ。

④限定用法と叙述用法
げんてい　　じょじゅつ

　①形容詞が前から名詞を修飾すると③文の中で補語になるには別の
呼び方があるんだ。前から名詞を修飾する①を「**限定用法**」、文の補
語になる③を「**叙述用法**」と呼ぶんだよ。

　前から名詞を修飾する「限定用法」には、その形容詞の状態が**永久的 [長期的]**
というニュアンスがあるんだ。つまり、a beautiful bird（きれいな鳥）やa
big dog（大きな犬）は、beautiful（きれいな）やbig（大きい）という状態が
変わらないというニュアンスを持ち合わせているんだよ。

【限定用法】

　一方で、「叙述用法」は、その形容詞の状態が一時的であるというニュアンス
を持ち合わせているんだ。

【叙述用法】

英語の世界にはたくさんの形容詞があるけれど、限定・叙述両方に使える形容詞がある一方で、限定用法でしか使わない形容詞、叙述用法でしか使わない形容詞、両方で使うけれど、意味が異なる形容詞もあるんだよ。

 「なんだか、頭がこんがらがってきたー」

では、例を見ながら、頭の中を整理していこう。

(A) 限定用法でしか使わない

only（唯一の〜）、former（前の〜、元〜）などの形容詞

```
 S    V        C
She  is  my  only  daughter.    （彼女は私の唯一の娘です）
            形容詞   名詞
```

She is only. のようにC（補語）の位置にonlyがくることはないからね！

```
 S    V        C
He  is  the  former  President.    （彼は前大統領です）
             形容詞    名詞
```

「大統領」を意味するとき、presidentのpは大文字になることが多いよ。

(B) 叙述用法でしか使わない

alive（生きている）、alone（一人で、単独で）などの形容詞

```
 S   V   C
┌─┐ ┌┐ ┌──┐
```
She is alive!　（彼女は生きてます！）

aliveは名詞の前では使わないよ。

```
 S  V   C
┌┐┌─┐ ┌──┐
```
I am alone.　（僕はひとりぼっちだ）

aloneと似た意味を持つ形容詞lonely（孤独な）は限定・叙述両方で使えるよ。

(C) 両方で使うけれど、意味が異なる

present（【限】現在の〜【叙】出席して）などの形容詞

```
 S    V          C
┌──┐ ┌┐ ┌───────────┐
```
This is my present address.

　　　　　形容詞　　　名詞

（こちらが私の現住所です）

```
 S    V     C
┌──┐ ┌──┐ ┌────┐
```
She was present at the meeting.

（彼女はミーティングに出席しました）

⑤動詞に ing をつけて、形容詞みたいに使う

ここまでは形容詞が名詞を修飾（しゅうしょく）するケースを学んできたけど、ここからは動詞が形容詞化して名詞を修飾するケースについて学んでいくよ。

動詞の語尾（ごび）に《-ing》がついたものを「現在分詞（げんざいぶんし）」というんだけど、ケロは聞いたことあるかな？　次のようなものだよ。

例	**現在分詞**
動	sleep ＋ -ing → sleeping
動	swim ＋ -ing → swimming

「あれれ？　動詞に -ing をつけるのは『現在進行形』だと教えてくれたけど、それとは違うの？　そもそも『分詞』という言葉自体、チンプンカンプンだよ」

たしかに、《-ing》は現在進行形で使うね（→p.58）。それに、急に「分詞」と言われても、わからないよね。英語にはいろんな文法用語が出てくるけれど、その中でも、ダントツでわかりにくい用語かもしれない。「分詞（分ける詞（ことば））」という文字のイメージで判断（はんだん）せず、**「動詞」と「形容詞」両方の役割（やくわり）を持っているもの**と理解しておこう。

現在分詞には大きく分けて、次の３つの使い方があるんだ。実は、さっきケロが言った「現在進行形」も、現在分詞の使い方の一つなんだよ。

（A）進行形（be動詞＋動詞のing形）
（B）形容詞みたいに名詞を修飾する
（C）SVC文型とSVOC文型のC（補語）になる

次のページから（A）〜（C）の使い方をひとつひとつ見ていこう。

（A）進行形（be動詞＋動詞のing形）

これは、「be動詞＋動詞のing形」で進行中の動作を表現する使い方、つまり進行形だね。

Kero is swimming in the pond. （ケロは池で泳いでいるところだ）

Kero is sleeping on the grass.

（ケロは草の上で眠っているところだ）

（B）形容詞みたいに名詞を修飾する

ここからが本題だ！　ディズニー映画『眠れる森の美女』の英語の題名『Sleeping Beauty』を例に見ていこう。

Sleeping　Beauty　（眠れる美女）

現在分詞　　　名詞

前から修飾

「眠る」という意味をもつ動詞sleepに-ingがついた、sleepingという**現在分詞**が、名詞beauty（美女）を前から修飾しているね。このように、現在分詞はまるで形容詞みたいに名詞を修飾するんだ。

前から名詞を修飾する形容詞は a beautiful bird（きれいな鳥）のように、**その状態が永久的［長期的］に続く**というニュアンスがあったよね（→p.88）。これは、現在分詞を形容詞のように使うときも同じなんだ。

映画の中で、主人公のオーロラ姫は、「永久に眠る魔法」をかけられたから、sleeping beauty（眠れる美女）と前から修飾しているんだよ。

> **例** ニュアンスを間違えやすい「現在分詞＋名詞」
>
> singing bird（よく歌う鳥）← 「(一時的に) 歌っている鳥」ではない。
>
> barking dog（よく吠える犬）← 「(一時的に) 吠えている犬」ではない。
>
> working woman（働く女性）← 「(一時的に) 働いている女性」ではない。
>
> > Barking dogs seldom bite.（吠える犬はめったに噛まない）ということわざでも、barkingという現在分詞が使われているよ。

では、映画の題名からもう一つ例をあげよう。ジブリ映画『ハウルの動く城』は、英語の小説『Howl's Moving Castle』を映画化したもので、ここにも現在分詞が使われているんだ。

Howl's Moving Castle

（現在分詞） （名詞）

前から修飾

「動く」という意味の動詞moveに-ingがついた、movingという**現在分詞**が、名詞castle（城）を前から修飾しているね。前から名詞を修飾しているので、「(一時的に) 動く城」ではなく、「(永久的に) 動くという性質をもった城」というニュアンスが込められているんだよ。

> Howl'sにちょこんとついている「'」は「アポストロフィ」という記号で、「名前＋'s」の形で、「〜の」という所有の意味を表すよ。だから、Howl'sは「ハウルの〜」という意味になるよ。

 「現在分詞はほんとに**形容詞と同じ役割**をするんだね。ひょっとして、形容詞のように、うしろから名詞を修飾することもあるの？」

もちろん！　では、現在分詞がうしろから名詞を修飾している文を見てみよう。

Do　you　know　the　frog　swimming　in　the　pond?

（池で泳いでいるあのカエルを知っていますか）

in the pond（池で）は文の要素にはならない修飾語だったね。

　ここでも意識してほしいのは、「一時的な状態を表すときはうしろから修飾する」という形容詞のルール。これは現在分詞を形容詞のように使うときも同じなんだ。つまり、the frog swimming in the pondには「（一時的に）池で泳いでいるあのカエル」というニュアンスが込められているんだよ。

【前から修飾】

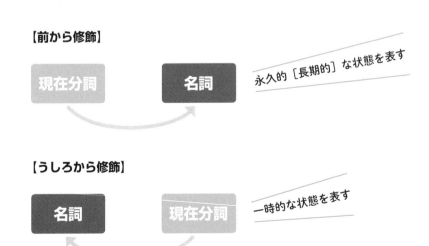

永久的［長期的］な状態を表す

【うしろから修飾】

一時的な状態を表す

(C) SVC文型とSVOC文型のC（補語）になる

　現在分詞の最後は、「SVC文型とSVOC文型のC（補語）になる」使い方を見ていこう。（B）のように名詞を修飾しているわけではないから注意してね。

Cに「現在分詞」が入るよ

　まず、SVC文型のC（補語）になるケースからだ。
　次の文を見てみよう。

SVC文型

S　　　　　V　　　　　C

Kero　remained　standing.　　（ケロは立ちっぱなしだった）

現在分詞

> 動詞remainには自動詞で「とどまる」という意味があって、「remain＋現在分詞（＝動詞のing形）」の形で、「依然として〜である、〜のままでいる」という意味になるんだよ。

　この文はstandingという現在分詞がC（補語）になっているね。SVC文型はS（主語）がどんな状態でいるのかをC（補語）で補足説明しているので、**S（主語）＝C（補語）**の関係が成り立つ。つまり、Kero（ケロ）＝standing（立っている）ということだね。

　続いて、次のページでSVOC文型のC（補語）になる使い方を見てみよう。

SVO 文型

```
      S      V         O           C
```

Kero left the phone ringing. (ケロは電話を鳴^なりっぱなしにした)

現在分詞

> 「leave ＋ O ＋現在分詞（げんざい）（＝動詞の ing 形）」で「O を〜したままにしておく」
> という意味。left は動詞 leave の過去形（かこ）だよ。

　ここでは、ringing という現在分詞が C（補語）になっているね。O（目的語）がどんな状態（じょうたい）なのかを C（補語）で補足（ほそく）説明している SVOC 文型は、**O（目的語）＝ C（補語）**の関係が成り立つ。つまり、the phone（電話）＝ ringing（鳴っている）という状態だとわかるね。

　もう一つ例を見てみよう。動詞 keep も同じ形で**「O に〜させ続ける」**という文をつくることができるんだ。

```
      S         V      O      C
```

The comedy kept me laughing.

現在分詞

(そのコメディで私（わたし）は笑いがとまらなかった)

> 直訳すると、「そのコメディは私が笑っている状態を保（たも）った」だね。the
> comedy（そのコメディ）のおかげで、me（私）は laughing（笑っている）
> の状態にさせ続けられたというわけだね。

 「現在分詞って３つも用法があるから、僕（ぼく）にはムズカシすぎるよ！」

　すべてを一度にマスターできないのは当たり前！　ここで知っておいてほしいのは、名詞を修飾するのは純粋（じゅんすい）な形容詞だけではないということ。まずは、「現在分詞」も形容詞みたいに働くということを覚えておこう。

⑥動詞に-edをつけて、形容詞みたいに使う

動詞の語尾に-ingをつけた「現在分詞」に対して、動詞の語尾に《-ed》をつけたりしたものを「過去分詞」と呼ぶんだ。この過去分詞も現在分詞と同じように、形容詞みたいに使うことができるんだよ。

例 **過去分詞**

動 play ＋ -ed → played

write → written

> write（書く）のように語尾が-edでない過去分詞もたくさんあるよ。

「あれっ？ 動詞に-edをつけると、I played the piano.（僕はピアノを弾いた）みたいに過去形になるんじゃなかったっけ？」

たしかに、動詞の「過去形」にも、「語尾に-edをつける」ルールがあったね（→p.57）。でも、この分詞の世界は、「現在・過去」といった「時制」とは全く別の話。だから、時制とは切り離して考えるようにしよう。

過去分詞には、大きく分けて次の4つの使い方があるよ。

（A）形容詞みたいに名詞を修飾する

（B）SVC文型とSVOC文型でC（補語）になる

（C）受け身（be動詞＋過去分詞）

（D）完了形（have[had]＋過去分詞）

次のページから（A）～（D）の使い方をひとつひとつ見ていこう。

(A) 形容詞みたいに名詞を修飾する

　ここからが本題だよ！　ジョーは、東京ディズニーランドにお化け屋敷のアトラクションがあるのを知ってるかな？

「ホーンテッドマンション（Haunted Mansion）でしょ！　みんなと一緒に修学旅行で行ったことがあるからね！」

　そうだったね！　このHaunted Mansionは、過去分詞が形容詞みたいに名詞を修飾することのとてもいい例だよ。

Haunted Mansion　　（お化け屋敷）

過去分詞	名詞

前から修飾

　「（幽霊などが）〜に出没する」という意味の他動詞hauntに《-ed》がついた、hauntedという**過去分詞**が、名詞mansion（館・屋敷）を前から修飾しているね。hauntは過去分詞で「（幽霊に）出没される」という意味になるので、Haunted Mansionは「（幽霊に）出没される館」、すなわち「お化けの館（お化け屋敷）」となるんだ。

　もう一つ例を見てみよう。『The Lost World: Jurassic Park（ロスト・ワールド／ジュラシック・パーク）』という映画のThe Lost Worldの部分に着目するよ。

The Lost World

過去分詞	名詞

前から修飾

　このlostは動詞lose（〜を失う）の**過去分詞**だよ。lostが名詞worldを前から修飾しているね。loseは過去分詞で「失われた」という意味になるので、The Lost Worldは「失われた世界」となるんだ。

「なるほど、過去分詞も現在分詞と同じように、形容詞の働きをするんだね！」

　また、過去分詞も形容詞や現在分詞と同じように、うしろから名詞を修飾することがあるんだ。前から修飾するときと、うしろから修飾するときのニュアンスも、同じなんだよ。

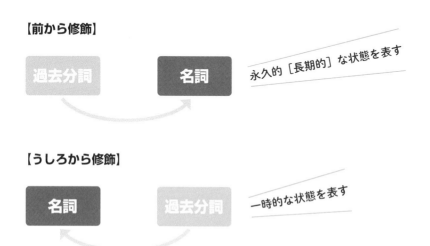

【前から修飾】

過去分詞 → 名詞　　永久的［長期的］な状態を表す

【うしろから修飾】

名詞　　過去分詞　　一時的な状態を表す

　つまり、さっきのHaunted Mansionも「**（一時的に）**幽霊に出没される館」ではなくて、「**（よく）**幽霊に出没される館」ということだね。身近なものだと、a used car（中古車）などもそうだね。

a　used　car　　（中古車）
　　過去分詞　名詞
　　　前から修飾

　a used car（中古車）には、過去に誰（だれ）かによって「使われた車」、つまり「古い」という性質（せいしつ）をもった車というニュアンスが含（ふく）まれているんだ。

うしろから名詞を修飾する過去分詞のケースも見ておこう。

the car used in the movie　（あの映画で使われた車）

うしろから修飾

> in the movie（あの映画の中で）は動詞 used を修飾する修飾語だよ。

　この車は映画の中で、一時的に使われただけということ。だから、うしろから名詞 car を修飾しているんだ。

　さらに、形容詞 present と同じように、同じ単語でも修飾する位置で意味が変わってくるケースもあるよ（→p.86, 90）。次の例を見てみよう。

a concerned look　（心配そうな表情）

過去分詞　名詞

前から修飾

the people concerned　（関係者）

名詞　過去分詞

うしろから修飾

　concern は「～を心配させる」「～に関係する」という意味をもつ他動詞で、**過去分詞 concerned** になると、「心配している」「（一時的に）関係している」という意味になるんだ。

　a concerned look（心配そうな表情）のように前から修飾するときは「心配している」という意味になり、the people concerned（関係者）のようにうしろから修飾するときは「（一時的に）関係している」という意味になるんだよ。

（B）SVC文型とSVOC文型でC（補語）になる

次に、SVC文型とSVOC文型でC（補語）になる使い方を学んでいこう。

Cに「過去分詞」が入るよ

現在分詞のときと考え方は同じだよ。さきほどの現在分詞の文（→p.95）と比べてみよう。

SVC文型

```
 S        V          C
Kero  remained  standing.      （ケロは立ちっぱなしだった）
                [現在分詞]
```

```
 S        V          C
Kero  remained  surrounded by his fans.
                [過去分詞]
```

（ケロはファンに囲まれたままだった）

> 他動詞 surround には「〜を取り囲む」という意味があるよ。過去分詞
> surrounded では、「取り囲まれた」という意味だよ。

ここでは、過去分詞 surrounded がC（補語）になっているね。過去分詞がC（補語）であっても、SVC文型のS（主語）がどんな状態でいるのかをC（補語）で**補足説明する**というルールは同じ。だから、この文もS（主語）＝C（補語）、つまり、Kero（ケロ）＝surrounded（囲まれている）という関係が成り立っているんだ。

101

「どうやって現在分詞と過去分詞を使い分ければいいの？」

それはS（主語）とC（補語）の関係性を見ればいいんだよ。

Kero remained **standing**. という現在分詞のときは、ケロ本人が**自分の力**で「立っている」よね。一方で、Kero remained **surrounded** by his fans. という過去分詞のときは、"ケロ"が囲んでいるのではなく、"ファンたち"がケロを囲んでいる。つまり、「ケロがファンたちに囲まれている」という**受け身の状態**になっているんだよ。

SVOC文型

SVOC文型でも、現在分詞の文（→p.96）と比べてみよう。

S	V	O	C

The comedy kept me laughing.

現在分詞

（そのコメディで私は笑いがとまらなかった）

S	V	O	C

The comedy never made me bored.

過去分詞

（そのコメディは決して私を退屈させなかった）

> 動詞 bore には「〜を退屈させる」という意味があるの。bored の形になると「退屈した」という意味に変化するよ。副詞 never は「決して〜ない」という意味だよ。

ここでは、過去分詞 bored がC（補語）になっているね。SVOC文型のO（目的語）がどんな状態なのかをC（補語）で補足説明するルールは、過去分詞のときも変わらないよ。The comedy kept me **laughing**. のときは、me（私）がケラケラと laughing（笑っている）状態だけど、The comedy never made me **bored**. のときは、me（私）が bored（退屈させられた）状態、つまり**受け身の状態**にあるというわけだね。

(C) 受け身（be動詞＋過去分詞）

　これは形容詞みたいに使う過去分詞ではないけれど、過去分詞の一つの用法として見ておこう。**受け身**というのは、S（主語）が相手に何かをするのではなく、S（主語）が相手から何かを「される」表現のこと。英語では「**be動詞＋過去分詞**」で表すんだ。では、「受け身ではない文」と「受け身の文」を比べてみよう。

受け身ではない文（Sが何かをする文）

Kero took the picture.

（ケロがその写真を撮った）

受け身の文（Sが何かをされる文）

The picture was taken by Kero.

修飾語（前置詞＋名詞）

（その写真はケロによって撮られた）

> このbyは「（動作をする人・モノを表して）～によって」という意味の前置詞だよ。

「最初の文でO（目的語）だったthe pictureが、2番目の文ではS（主語）になっているね」

　その通り！　受け身の文は、「～される」というのがポイント。the pictureがS（主語）になって、Keroによって撮られる場合は、was taken by Keroという《be動詞＋過去分詞》の形で表すんだ。

(D) 完了形（have[had]＋過去分詞）

形容詞とは関係がないけれど、「have［had］＋過去分詞（＝動詞の-ed形）」の形で過去分詞を用いる「完了形」についてもサラッと見ておこう。

ケロ、次の２つの文は何が違うかわかるかな？

・The train arrived.（過去形）
・The train has arrived.（現在完了形）

 「hasがあるかどうかの違いだよね？」

その通り。日本語だと、どちらも「列車が到着した」で表せるけど、現在完了形（have＋過去分詞）は過去形と表す時間が違うんだ。「過去形」が現在とは切り離された「過去の出来事」を述べているのに対して、「現在完了形」は「（今しがた）列車が到着した」という意味で、**「現在」**との接点があるという違いがあるんだよ。

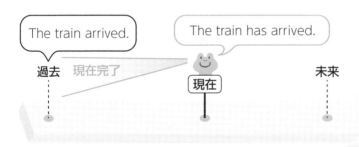

LOOK 目 で 見 て 理 解

fallen leaves（落ち葉）

| 過去分詞 | → | 名詞 |

「過去分詞」＝「（相手から）〜される」という受け身的な意味で、名詞を修飾

このルールが適用（てきよう）されないケースもあります。

それは動詞が**自動詞**のときです。

✓ 自動詞fall（落ちる）の過去分詞

fallen leaves（落ち葉）＝落ちてしまった葉っぱ

（つまり、leaves have fallen［完了形］ということ）

 「なるほど！ （誰（だれ）かに）落とされた葉っぱという受け身ではないんだね！」

自動詞が過去分詞になると、「〜される」という受け身ではなく、「〜した」という完了（かんりょう）の意味になることも知っておきましょう。

ほかにも、自動詞develop（発展（はってん）する）の過去分詞が使われている、developed countries（先進国）＝発展した国、も同じように考えてね！

Lesson 13
副詞の役割

　副詞は「文の要素（＝主語、動詞、目的語、補語）」にはならない、サブ的な存在だったね（→p.42）。形容詞が「名詞」を修飾するのに対して、副詞は「動詞」「形容詞」「副詞」や「句」「節」「文」を修飾する役割を持っているんだ。では、英語における副詞の変幻自在ぶりを見ていこう。

 ① 「動詞」を修飾する

　副詞は英語で **adverb**。この adverb というつづりの中には、動詞という意味の **verb** が入っているんだ。このことからもわかるように、副詞の役割の中で動詞を修飾することは最重要の仕事なんだよ。まずは「副詞」と「動詞」の関係について見ていこう。

　ケロ、Kero swims fast.（ケロは速く泳ぐ）という文（→p.43）を覚えてるかな？

　この文は Kero swims.（ケロは泳ぐ）の２語だけでも SV 文型の文として成り立っているけれど、どのように泳ぐのかはわからない。最後に副詞の fast を加えることで、**速く**泳ぐという補足説明をしているんだったね。

106

「先生！　形容詞は前から名詞を修飾するのが基本だったけど、副詞はうしろから動詞を修飾するの？」

　Kero swims fast.はうしろから動詞を修飾していたけれど、副詞は自由人！だから、文のいろいろなところに置くことができるんだ。ただし、どこに置くのかについては、ちょっとしたルールがあるんだよ。

　次の文を比べてみよう。

(A) Kero <u>swims</u> slowly.　　（ケロはゆっくりと泳ぐ）

(B) Kero <u>opened</u> the door slowly. （ケロはゆっくりとドアを開けた）

＊下線は動詞

「(B) の文ではslowlyが動詞openedの直後にきてないね。どうしてだろう？」

　そのヒントは、動詞にあるんだ！　動詞には「**be動詞**」と「**一般動詞**」の2種類があって、さらに「**一般動詞**」は「**自動詞**」と「**他動詞**」に分けられたよね（→p.31）。
　（A）と（B）の動詞は両方とも一般動詞だけど、swimsは「自動詞」として、openedは「他動詞」として使われているんだよ。

「え〜っと、なんでopenedが他動詞だとわかるんだっけ？」

　それは動詞のうしろを見れば、一目でわかるよ！　openedのうしろにはthe door（ドア）という**O（目的語）**があるよね。他動詞はうしろにOが必要な動詞で、自動詞はそれが不必要な動詞だったね（→p.36）。

副詞を置く場所は、動詞が自動詞なのか他動詞なのかが深く関係しているんだ。自動詞の場合はその直後、他動詞の場合は〇（目的語）のうしろに置くというルールがあるんだよ。

自動詞の場合→V（動詞）のうしろ

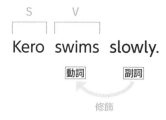

Kero swims slowly.

他動詞の場合→〇（目的語）のうしろ

Kero opened the door slowly.

> Kero slowly opened the door. のように、動詞の前に副詞を置く例外もあるよ。つまり、副詞の置かれる場所はガチガチに決まっているわけではないということ。どんなことにも例外はあるから、頭をやわらかくしていこうね。

　ここまでに出てきたfastやslowlyは**「動作の様子」**を表すものだったけど、動詞を修飾する副詞はこれだけではないんだ。yesterday（昨日）、today（今日）、tomorrow（明日）のような**「時」を表す副詞**や、there（そこ）、here（ここ）のような**「場所」を表す副詞**もあるんだよ。

《時を表す副詞》

 「yesterday や today って、副詞というよりも、なんだか名詞に見えて
くるんだけど……」

ケロの言うように、「時」を表す副詞は名詞と勘違いしやすいかもしれないね。
次の文を見てみよう。それぞれが修飾しているのは動詞なんだよ。

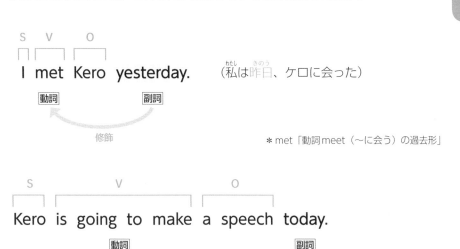

```
   S    V    O
 I  met  Kero  yesterday.      （私は昨日、ケロに会った）
   動詞          副詞

        修飾
                              ＊met「動詞 meet（〜に会う）の過去形」
```

```
   S          V              O
 Kero  is  going  to  make  a  speech  today.
          動詞                    副詞

                 修飾
```

（ケロは今日、スピーチをすることになっている）

＊be going to do「〜することになっている」
make a speech「スピーチをする、演説をする」

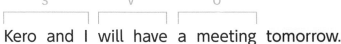

```
     S         V           O
 Kero  and  I  will  have  a  meeting  tomorrow.
             動詞                副詞

                 修飾
```

（ケロと私は明日、打ち合わせがある）

＊have a meeting「打ち合わせをする、会議をする」

「先生！ yesterday も today も tomorrow も、全部一番うしろにあるけど、これにも何かルールがあるの？」

　「時」を表す副詞は、基本的に文の一番最後に置くというルールがあるけれど、文頭や文中にも使われるよ。また、**「場所」を表す副詞**も、時を表す副詞と同じように文の最後に置くんだ。

《場所を表す副詞》

```
      S    V    O
We  had  lunch  there.      （私たちはそこでお昼を食べました）
   動詞        副詞
        修飾

           V
Kero,  come  here!      （ケロ、こっちに来て！）
       動詞   副詞
          修飾
```

there は「そこに、そこで」、here は「ここに、ここで」という意味の副詞だよ。

　ちなみに、「場所」と「時」を表す副詞が一つの文の中で両方とも出てくる場合は、次の文のように「場所」→「時」の順序になるのが一般的なんだ。

```
    S    V    O
We  had  lunch  there  yesterday.
   動詞        副詞     副詞
             （場所）   （時）
        修飾
```

（私たちは昨日、そこでお昼を食べました）

ジブリ映画『耳をすませば』に「カントリー・ロード」という歌が出てくるんだけど、この歌は英語で「Take Me Home, Country Roads」という題名なんだ。ケロは、このhomeがどんな意味かわかるかな?

 「これはわかるよ！ home（ホーム）って、家のことだよね。日本語でも『マイホーム』と言ったりするし」

おしい！ たしかに、homeには「家」という意味があるけれど、ここでは、ほかの意味なんだ。homeは「名詞」「形容詞」「副詞」という3つの品詞になる単語で、ここでは「故郷へ」という副詞として使われているんだよ。

(A) my home（私の家）←名詞「家」

(B) my home country（私の母国）←形容詞「故郷の」

　　形容詞が名詞countryを修飾

(C) take me home（私を故郷へ連れていく）←副詞「故郷へ」

　　副詞が動詞takeを修飾

　　　　　　　　＊take＋人＋場所「《人》を《場所》に連れていく」

 「副詞って、サブなのに何だか奥が深いね！ 『動作の様子』『時』『場所』など、表すものがたくさんあるんだ！」

実は、このほかにもまだあるんだよ！ 物事がどのくらい頻繁に行われるかを示す「頻度」を表す副詞なんかもあるんだ。映画『Always 三丁目の夕日』のalways（いつも、常に）などがそうだよ。では、ここで問題。always（いつも）は、100％常時という頻度だけど、正反対の頻度0％を表す副詞は何だろう？

 「うーん、何も思いつかない……」

「ネバー・ギブ・アップよ、ジョー！ Never give up. 決してあきらめないで！」

　今のメグの言葉が大ヒント！　そう、頻度0%を表す副詞はnever（決して〜ない）なんだ。alwaysとneverは、両極端の頻度を表す副詞。この2つの間には、下の図のように他の頻度を表す副詞があるんだよ。

「頻度」を表す副詞

100%	Kero always swims in the pond. （ケロはいつだって池で泳ぐ）
	Kero usually eats breakfast at 7:00 a.m. （ケロはたいてい午前7時に朝食をとる）
	Kero often [frequently] takes a walk in the morning. （ケロはよく［頻繁に］午前中に散歩する）
	Kero sometimes cries. （ケロはときどき泣いてしまう）
	Kero rarely [seldom] gets angry. （ケロはめったに怒らない）
0%	Kero never eats rice. （ケロは決してお米を食べない）

rarelyとseldomはどちらとも同じ意味だけど、rarelyのほうが口語的。だから、会話ではrarelyを使うことがほとんどだよ。

　このようにalwaysとneverの間にも頻度を表す副詞があるんだ。

「『時』や『場所』を表す副詞とは置かれている場所が違うけど、これでいいの？」

　「頻度」を表す副詞は、次のように少し置き方が違うんだ。この際、まとめて覚えておこう！

「頻度」を表す副詞を置く場所

(A)「助動詞のうしろ」

I will never forget you.（あなたのことは決して忘れません）
　[助動詞]

> 「助動詞 will ＋動詞の原形」で「（私は）〜します」という主語の未来に向けた意志を表すよ。

(B)「一般動詞の前」

Kero always swims in the pond.（ケロはいつだって池で泳ぐ）
　　　　　　　[一般動詞]

(C) be動詞のうしろ

I am always grateful to you.（あなたにはいつも感謝しています）
　[be動詞]
　　　　　　　　　　　　　　　　　　　　＊be grateful to ...「〜に感謝している」

> 形容詞 grateful は文の中でC（補語）になっているのよ。

(D) 文末

I watch TV often.（私はよくテレビを見ます）

(E) 文頭

Sometimes, we go to karaoke together.
（ときどき、私たちは一緒にカラオケに行きます）

---

②「形容詞」を修飾する

おそらく私たちに一番なじみのある副詞といえば、veryじゃないかな。「ベリー・グッド！」(= Very good!) という表現をどこかで耳にしたことがあるはず。このveryを使って、**形容詞を修飾する副詞**について学んでいこう。次の文を見てみよう。

```
     S     V        C
   ┌──┐  ┌┐    ┌────┐
   Kero  is  very  kind.        （ケロはとても親切だ）
              副詞   形容詞
                └──修飾──┘
```

Kero is kind.（ケロは親切だ）という文でもSVC文型の文として成り立つけれど、very（とても）という副詞を付け加えることで、**どの程度**親切なのかを補足説明しているわけだね。

では、今度はbeautiful birds（きれいな鳥たち）という「形容詞＋名詞」の表現にvery（とても）という副詞を加えて、「とてもきれいな鳥たち」という表現にしてみよう。

```
very beautiful birds        （とてもきれいな鳥たち）
副詞   形容詞      名詞
 └──修飾──┘
```

副詞veryが形容詞beautifulを修飾して、どの程度きれいなのか、補足説明しているね。「程度」を表す副詞は、修飾する対象（ここでは形容詞）の直前に置くのが基本的なルールなんだ。

114

veryのような**「程度」を表す副詞**は、次のようにほかにもいっぱいあるんだ。

例 **「程度」を表す副詞**

His story is really interesting.（彼の話は本当に面白い）

The movie was quite boring.（その映画はかなり退屈だった）

Life is too short.（人生は短すぎる）

The design of this building is incredibly beautiful.
（この建物のデザインは信じられないほど美しい）

Time is extremely valuable.（時間というものは極めて貴重だ）

My life isn't so bad.（私の人生はそれほど悪くないな）

ここで改めて注意しておきたいのは、「程度」を表す副詞の基本ルール。すべて修飾する対象の直前に置かれているね。

③ 「副詞」を修飾する

　副詞の面白いところは、「副詞」がほかの「副詞」を修飾するということ。例えば、さっき出てきた副詞very（とても、非常に）は、very kind（とても親切な）のように形容詞を修飾するだけではなく、副詞も修飾するんだよ。

「『副詞』が『副詞』を修飾？　同じ品詞を修飾するなんて、オイラには想像がつかないよ」

　たしかにイメージしにくいかもしれないね。では、具体例を見てみよう。次の文は、副詞veryがKero sang well.（ケロは上手に歌った）の副詞wellを修飾したものだよ。

```
  S     V        修飾
┌──┐ ┌──┐  ↗
Kero  sang  very  well.      （ケロはとても上手に歌った）
            副詞   副詞
             修飾
```

> 動詞sing（歌う）は不規則変化動詞で、sing（原形）-sang（過去）-sung（過去分詞）と変化するよ。

　まさに、副詞veryが副詞well（上手に）を修飾しているよね。この文では、それと同時に、wellが動詞sang（歌った）を修飾する構造になっているよ。

「先生、質問していいかな？　この文、Kero sang well very.とはできないの？　どちらも副詞だからveryとwellを入れ替えてもよさそうだけど……」

116

残念ながら、それはできないんだ。なぜなら「程度」を表す副詞veryは修飾する単語の前に置くのが基本だからね。

 「やっぱり、これにも基本的なルールがあるんだね」

では、very以外の、副詞を修飾する「副詞」をいくつか紹介しておこう。

例　ほかの副詞を修飾する「副詞」

Kero sang **really** beautifully.（ケロは実に美しく歌った）

＊beautifully「美しく」

Kero sang **pretty** badly.（ケロはかなりひどい歌いっぷりだった）

＊pretty「《口語的》かなり」 badly「ひどく」

Kero sang **rather** well.（ケロはかなり上手に歌った）

＊rather「（予想に反して）かなり、ずいぶん」

Kero sang **extremely** loudly.（ケロは極めて大声で歌った）

＊loudly「大声で」

> ホンモノのケロは、歌がとっても上手よ！

④ 「句」「節」「文」を修飾<ruby>する<rt>しゅうしょく</rt></ruby>

ここまでは副詞が一つの**語**（単語）を修飾するケースを見てきたね。ここからは、「**句**」「**節**」「**文**」を修飾するケースについて見ていこう。

「……、『語』『句』『節』って何だっけ？」

あらら……。「語」「句」「節」はとても大事な部分だから、ここでもう一度おさらいしておこう。

- **語**　1つの単語

  例　Kero、small、fast、in、whatなど

- **句**　2つ以上の単語からなる意味のかたまり（ただし「主語＋動詞」は含まない）

  例　in the pond、very well、to be famousなど

  単語 ＋ 単語 ＋ … ＝ 句

- **節**　「主語＋動詞」を含む意味のかたまり

  例　I'm a frog、if you like、that he is kind、what he saidなど

  主語 ＋ 動詞 ＋ … ＝ 節

> ちなみに、「文」と「節」の<ruby>違<rt>ちが</rt></ruby>いはピリオドで終わっているかどうかだったね（→p.22）。

では、気を取り直して、副詞が「句」を修飾するケースから見ていこう。

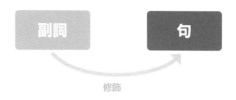

修飾

次の文は副詞が「句」を修飾しているものだよ。

S　　　　　　　V

Exactly on that day, her father passed away.
副詞　　　　句　　　　　　　　　　　　　　副詞

修飾

（まさにその日、彼女の父は亡くなった）

> pass awayで「亡くなる」という意味。こんなふうに「動詞＋副詞」
> で１つの動詞のように使うことがあるんだよ。

S　V

Just a few days ago, she left for Berlin.
副詞　　　句　　　　　　　　　　前置詞＋名詞

修飾

（つい数日前に、彼女はベルリンへ出発した）

> a fewで「少しの〜」の意味。冠詞aがないとfewは「ほとんどない」という否定的
> な意味になるから注意してね。ago（〜前に）も副詞だよ。

この、exactly「まさに」やjust「ほんの（＝only）」のように、「句」を修飾
する副詞は**その句の前に置く**のが基本ルールなんだ。

では次に、副詞が「節」を修飾するケースを見ていこう。

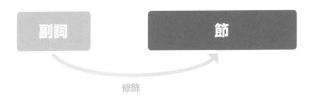

| 副詞 | 節 |

修飾

この場合も「句」と同じように、修飾する「節」（＝主語＋動詞を含む意味の
かたまり）の直前に副詞を置くんだ。それでは、例を見てみよう。

S V O

I love coffee simply because it makes me awake in the morning.

副詞　　　　　　　　　　　　　節

修飾

（単に朝目覚めさせてくれるからという理由で、私はコーヒーが好きだ）

＊simply「単に、ただ」 because「〜だから」

S V

This applies only if you are living in Japan.

副詞　　　　節

修飾

（これはあなたが日本に住んでいる場合にのみ適用されます）

＊onlyは「ただ〜だけ」

最後は、副詞が「文全体」を修飾するケースを見ていこう。

```
┌─────────────┐        ┌─────────────────────────┐
│    副詞      │        │           文            │
└─────────────┘        └─────────────────────────┘
        └──────────────────────┘
                    修飾
```

　この場合も、副詞は修飾する文の前に置くよ。前から文全体を修飾するんだ。では、Kero is a genius.（ケロは天才だ）という文の文頭（ぶんとう）にhonestly（正直に言えば）という副詞を加えた文を見てみよう。

Honestly, Kero is a genius.　（正直に言えば、ケロは天才だ）
<u>副詞</u>　　　　　<u>文</u>
```
        └──────────────────┘
                 修飾
```

　このように副詞を加えることで、単なる事実を伝えるだけだった文に、話し手の気持ちなどを付け足すことができるんだ。

「Honestlyの後にコンマ（,）があるけれど、これって必要なの？」

　文全体を修飾する場合、副詞は**「副詞＋コンマ」**の形で文頭に置くのが基本（きほん）なんだよ。

コンマを忘れずに！

ほかの例も見ておこう。

例　文全体を修飾する副詞

Luckily, <u>Kero was not hurt.</u>（幸運にも、ケロはけがをしなかった）

＊be hurt「けがをする、傷を負う」

Surprisingly, <u>no one was hurt.</u>
（驚くべきことに、誰もけがをしなかった）

Curiously, <u>no one knew the truth.</u>
（妙なことに、誰も真相を知らなかった）

Next, <u>it's your turn.</u>（次は、君の番だよ）

＊turn「番、順番」

Yesterday, <u>there was a car accident.</u>
（昨日、交通事故があった）

> yesterday（昨日）のように、「時」を表す副詞は文末にくるのが一般的だけれど、こんなふうに文頭にくることもあるんだよ。

There was a car accident this morning. However, <u>no one was hurt.</u>
（今朝、交通事故があった。しかしながら、誰もけがをしなかった）

> howeverは前後の文を意味的につなぐ役割をしているから「接続副詞」とも呼ばれているよ。

みんな、おつかれさま！　これで第１章は終了だ！
　第２章からは、いよいよ「句」について学んでいくよ。ここまで学んできた「品詞」や「文型」の理解は英文の構造をとらえるうえで非常に大事だから、きちんとおさらいしておいてね！

Look 目で見て理解

形容詞と副詞の違い

「修飾する」という役割は同じでも、形容詞と副詞は修飾する対象が違います。

形容詞は名詞を修飾しますが、副詞は名詞を修飾しません。

《形容詞》（現在分詞、過去分詞も）

《副詞》

> ただし、here や there、only など限られた副詞は、例外的に名詞を修飾することもあるよ。

第1章

目で見て理解

123

下線部は、名詞・形容詞・副詞のいずれかです。空欄に書き入れましょう。

1. Kero is a <u>singer</u>. (　　　) 詞

2. She speaks <u>very</u> loudly. (　　　) 詞

3. You are <u>wonderful</u>! (　　　) 詞

4. Joe has a <u>dream</u>. (　　　) 詞

5. Kero studies <u>hard</u>. (　　　) 詞

6. Meg is <u>friendly</u>. (　　　) 詞

7. I find the book really <u>interesting</u>. (　　　) 詞

8. He swims <u>too</u> fast. (　　　) 詞

9. <u>Kyoto</u> is a historical city. (　　　) 詞

10. <u>Honestly</u>, I don't like vegetables. (　　　) 詞

訳と解答

1. ケロは歌手です。（名）詞

SVCの文。名詞 singer（歌手）は文の中でC（補語）になっている。S=Cの関係が成り立つ。

2. 彼女_{かのじょ}はとても大声で話します。（副）詞

SVの文。very（とても）は副詞 loudly（大声で）を修飾している。副詞を修飾するのは「副詞」である。

3. あなたは素晴_{すば}らしいです！（形容）詞

SVCの文。形容詞 wonderful（素晴らしい）はC（補語）としてSを補足説明している。S=Cの関係が成り立つ。

4. ジョーには夢があります。（名）詞

SVOの文。名詞 dream（夢）は他動詞 has のO（目的語）になっている。

5. ケロは一生懸命_{けんめい}勉強します。（副）詞

SVの文。副詞 hard（一生懸命に）は動詞 studies を修飾している。

6. メグは気さくです。（形容）詞

SVCの文。形容詞 friendly（気さくな）はC（補語）として、Sを補足説明している。S=Cの関係が成り立つ。

7. その本は本当に興味深_{きょうみ}いと思います。（形容）詞

SVOCの文。C（補語）の位置にくるのは名詞か形容詞。この文では形容詞 interesting（興味深い）がきている。

8. 彼_{かれ}は泳ぐのが速すぎます。（副）詞

SVの文。副詞 too（〜すぎる）はもう一つの副詞 fast（速く）を修飾している。

9. 京都は歴史的_{れきし}な都市です。（名）詞

SVCの文。固有名詞 Kyoto（京都）は文の中でS（主語）になっている。

10. 正直に言って、私は野菜が好きではありません。（副）詞

SVOの文。副詞 honestly（正直に言って）は、文全体を修飾している。

第 **2** 章

句

「句」とは、「S+Vを含まない2語以上の
意味のかたまり」のことです。「名詞句」
「形容詞句」「副詞句」の3つを取り上げ
ます。

名詞句 文の中で「不定詞」「動名詞」
がどのように名詞的に働くのか

形容詞句 文の中で「不定詞」「分詞＋
語句」「前置詞＋名詞」がどのように形
容詞的に働くのか

副詞句 文の中で「不定詞」「分詞＋
語句」「前置詞＋名詞」がどのように副
詞的に働くのか

Lesson 14

名詞句

このLessonで取り上げる「名詞句」は、その名のとおり「名詞」の働きをする句のことだよ。名詞は文の中で、S（主語）、O（目的語）、C（補語）という重要な要素になったよね。名詞句も同じように「S、O、C」のいずれかになることができるんだ。

名詞句になるのは、おもに「不定詞」と「動名詞」の2つだよ。それでは、詳しく見ていこう。

 ① 「名詞句」の3つのポイント

「名詞句」という言葉を見ると、パッと見、「名詞が入っている句」なのかな、と思ってしまうかもしれないね。名詞句は次の3つのポイントがあるものなんだ！

❶2つ以上の単語からなる意味のかたまりである。ただし、「S+V」は含まない。

単語 ＋ 単語 ＋ … ＝ 句

❷名詞句には、名詞と同じ働きがある。

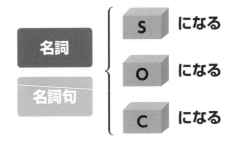

「名詞句」は「名詞」と同じで、文の中で「S、O、C」になるよ。

❸名詞句には、おもに2つの形がある。

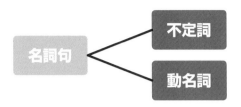

「名詞句」になるのは、おもに「不定詞（＝to *do*）」と「動名詞（＝*do*ing）」だよ。

 「なるほどー。『名詞句』って名前からして、名詞が入ってる句と思った
けど、そうではないんだね」

「名詞と同じ働きがある」から名詞句と呼ばれているんだ。名前だけを見ると、
勘違いしやすいから気をつけよう。

❸にあったように、名詞句はおもに「不定詞」と「動名詞」の2
つなんだ。名詞句の役割を学ぶ前に、まずは「不定詞」と「動名詞」
について見ていくことにしよう。

an English teacher（英語教師）のような「名詞＋名詞」も「2語以上の単語から
なる意味のかたまり」で「名詞句」と考える場合もあるけど、この本ではそういった
ケースについてまでは掘り下げないよ。

②「不定詞」って、どんなもの？

まず、不定詞について見ていこう。みんなは中学生のときに不定詞について習ったことがあると思うけれど、どんなものだったか覚えているかな？

「う～ん、僕は『不定詞』って言葉自体、正直何のことやら曖昧なまま、ここまできてしまったよ」

「不定詞」は英語でinfinitiveといって、"the basic form of a verb"（出典：Merriam-Webster Learner's Dictionary）、すなわち「動詞の基本の形」という定義付けがされているんだ。

「いったい、どういうこと？」

「動詞の基本の形」というのは、時制や人称などによって変化する前の形、すなわち「原形」のことなんだ。だから、不定詞は動詞の原形を使う用法なんだと理解しておけば大丈夫だよ。

次は不定詞の形についてだよ。不定詞は動詞の原形である原形不定詞（→p.149）とtoのうしろに「動詞の原形」がくる形（＝to 不定詞）があるんだ。ここではto不定詞のことを学んでいこう。

「あれっ？　toって、名詞の前に置かれる『前置詞』という品詞じゃなかったっけ？」

「前置詞」は、「前置詞＋名詞」の形で使われるのをLesson 6で学んだよね（→p.48）。不定詞のtoは前置詞toからできたものではあるんだけど、前置詞とは別のものだと考えよう。

さて、不定詞には３つの使い方があって、それらは「名詞用法」「形容詞用法」「副詞用法」と呼ばれているんだ。

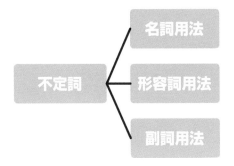

「名前からして、また難しそう……」

この名前は、不定詞が文の中でどんな働きをするのかを表しているんだ。例えば、**名詞用法**は「〜すること」という意味で、**名詞**と同じ働きをするんだ。次のページで各用法の例を見ていこう。

名詞用法	名詞と同じ働きをする。 「〜すること」という意味。
形容詞用法	形容詞と同じ働きをする。 「〜するための」「〜するべき」という意味。
副詞用法	副詞と同じ働きをする。 《目的》「〜するために」 《原因》「〜して」 という意味。

名詞用法（～すること）

```
   S    V    C
```
To see is to believe. （百聞は一見にしかず）

「名詞句」になるのは、この用法！ 直訳では「見ることは信じることです」だよ。to see と to believe の部分がそれぞれ「主語」と「補語」になっているね。詳しくは《「主語」になる不定詞》を見てね（→p.134）。

```
 S   V        O
```
I want to be a scientist. （私は科学者になりたいです）

直訳では「私は科学者になることを望む」。to be a scientist の部分が動詞 want の「目的語」として機能しているよ。詳しくは《「目的語」になる不定詞》を見てね（→p.136）。

```
  S     V    C
```
His dream is to be a scientist. （彼の夢は科学者になることです）

to be a scientist の部分が「補語」として機能しているね。詳しくは《「補語」になる不定詞》を見てね（→p.141）。

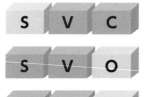
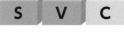

名詞用法の不定詞って文のあちこちに登場するんだね！

形容詞用法（～するための、～するべき）

I would like something to eat.　（何か食べるものが欲しい）

代名詞 something を修飾

＊ would like ... 「～が欲しい」

It's time to wash the dishes.　（お皿を洗う時間です）

名詞 time を修飾

> 「形容詞用法」は不定詞が名詞や代名詞などを修飾する用法。この用法については、「Lesson 15 形容詞句」で学ぶよ（→p.173）。

副詞用法（《目的》～するために／《原因》～して）

《目的》

I came here to meet you.　（あなたに会うためにここに来ました）

動詞 came を修飾

《原因》

I am happy to meet you.　（あなたに会えてうれしいです）

形容詞 happy を修飾

> 「副詞」は文の要素（＝主語、動詞、目的語、補語）にはならない、サブ的な品詞だったね（→p.42）。上の文も、I came here.（ここに来た）、I am happy.（私はうれしいです）が文の要素で、to meet you は副詞と同じ働きをしているんだよ。この用法については、「Lesson 16　副詞句」で学ぶよ（→p.193）。

③「主語」になる不定詞

さて、「不定詞」の基本をおさえたところで、いよいよS（主語）になる不定詞について学んでいこう。

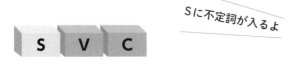

Sに不定詞が入るよ

不定詞の名詞用法は「〜すること」という意味で、文の中でS（主語）になることができるんだ。次の文を見てみよう。

S（名詞句）　V　　　C

To forget　is　the secret of eternal youth.

不定詞　　　　　　　　　　　　修飾語

（忘れることは永遠の若さの秘訣である）

> これは『西部戦線異状なし』などの著作がある、ドイツの文学者エーリッヒ・マリア・レマルクの言葉だよ。

to forget（忘れること）が文の中でS（主語）になっているね。このようなSVC文型では、**S（主語）＝C（補語）** の関係が成り立つことを覚えているかな？つまり、to forget（忘れること）＝ the secret（秘訣）という関係が成り立っているわけだ。

 「Sの場所にくるのは、Kero（ケロ）とかWe（僕たち）みたいな『人』ばかりじゃないんだね！」

その通り。**「to＋動詞の原形」** という不定詞にすることで、動詞もS（主語）になることができるんだ。

では、ほかの例も見てみよう。

```
    ┌────(=)────┐
    ┌──────┐   ┌────┐
S(名詞句) V      C
┌──────┐ ┌┐┌┐
```

To see is to believe.

不定詞

(《直訳》見ることは信じることだ。→百聞は一見にしかず)

「見ること」という意味の不定詞to seeが、名詞と同じ働きをする名詞句として、文の中でS（主語）になっているね。ちなみにこの文では、もう一つの不定詞to believeがC（補語）になっているんだよ。C（補語）になる不定詞については、あとで詳しく取り上げるよ（→p.141）。

もう一つ例を見てみよう。

```
    ┌────(=)────┐
    ┌──────┐   ┌──┐
S(名詞句) V      C
┌──────┐ ┌┐┌┐
```

To live is to die.　　(生きることは死ぬことだ)

不定詞

アメリカのメタルバンド「メタリカ（Metallica）」の曲に「To live Is To Die」という曲があるよ。ここにも不定詞が使われているね。

この文でも不定詞to liveがS（主語）になっているね。

「先生、不定詞がSになるのはSVC文型だけなの？」

不定詞が名詞句としてS（主語）にくるときは、SVC文型の慣用句的な表現がほとんど。だから、不定詞がSになることもありうるとだけ覚えておけばOKだよ。

④ 「目的語」になる不定詞

不定詞の名詞用法（〜すること）は、名詞と同じ働きをする。すなわち、名詞が動詞のO（目的語）になるように、不定詞も動詞のOになるんだ。SVO文型のOになる不定詞のケースから見ていこう。

Oの位置に不定詞がくるよ

S	V	O（名詞句）
I	want	to be a scientist.

（私(わたし)は科学者になりたいです）

不定詞＋語句

wantは「〜を望(のぞ)む、欲(ほっ)する、したい（と思う）」という意味の他動詞だよ。

この文の不定詞 to be は「〜になること」という名詞用法だ。「不定詞（to be）＋名詞（a scientist）」が名詞のかたまり、つまり、名詞句としてO（目的語）になっているんだよ。名詞が目的語になっている文と比(くら)べてみると、同じ文型だということがよくわかるよ。

名詞がO（目的語）の文

S	V	O
I	want	a smartphone.

（《直訳》私はスマートフォンを望む）

名詞

名詞句がO（目的語）の文

S	V	O（名詞句）
I	want	to be a scientist.

（《直訳》私は科学者になることを望む）

不定詞＋語句

「ほんとだ！　どちらも同じ働きをしているね」

　名詞句のほうが単語の数が多いから、一つのかたまりには見えにくいかもしれないけれど、文の中での役割は名詞と同じなんだ。このwantのように、不定詞を〇（目的語）にとる動詞はほかにもあるんだ。いくつか紹介しておこう。

例　不定詞を目的語にとる動詞

・like（〜が好きだ）

Kero **likes** to swim.

（ケロは泳ぐことが好きです）

・need（〜が必要である）

Kero **needs** to learn from his mistakes.

（ケロは自身の間違いから学ぶことが必要である）

・decide（〜を決心する）

Kero **decided** to study medicine.

（ケロは医学を学ぶことを決心した）　　　　　　　　　＊medicine「医学」

・try（〜を試みる）

Kero **tried** to get a scholarship, but it didn't work out.

（ケロは奨学金を獲得することを試みたが、うまくいかなかった）

＊scholarship「奨学金」
work out「（試みなどが）うまくいく」

 「不定詞を〇（目的語）にとる動詞って、いろいろあるんだね」

⑤ 「目的語」になる疑問詞＋不定詞

　ここからはO（目的語）になる不定詞の応用編だよ。「疑問詞＋不定詞」という形の名詞句が、SVO文型とSVOO文型のO（目的語）になるケースを見ていこう。

　「『疑問詞』ってWhere do you live?（どこに住んでいるの？）のwhereとかのこと？」

　その通り！　疑問文の頭によくついているWやHで始まる単語のことだよ。おもな疑問詞は「5W1H」と呼ばれていて、who（誰）、what（何）、where（どこ）、when（いつ）、why（なぜ）、how（どのように）の6つがあって、「疑問詞＋不定詞」では、これらの6つのうち、why以外が入ると考えればOKだよ。

Oに「疑問詞＋不定詞」がくるよ

　では、「疑問詞＋不定詞」の文について見ていこう。ここではhowを使っていくよ。

SVO文型

| S | V | O（名詞句） |

Kero knows how to swim.　（ケロは泳ぎ方を知っている）
疑問詞＋不定詞

疑問詞howには「どのように、どんなふうに」という意味があって、「how＋不定詞」で「～の仕方、～する方法」という意味になるんだよ。

SVOO文型

```
        S    V    O           O（名詞句）
```

Could you tell me how to get to the theater?

疑問詞＋不定詞＋語句

（劇場への行き方を私に教えていただけませんか）

> Could you … ? は「〜していただけませんか」という丁寧な依頼表現。get to …
> は「〜へ到着する」という意味だよ。ちなみに、前置詞toは「〜へ」という意味で、
> 方向や到達点を表すよ。

　上の文は how to get を名詞 way（道順）を使って、Could you tell me the way to the theater?と言い換えることができるんだ。

```
        S    V    O     O
```

Could you tell me the way to the theater?

名詞　　　　　修飾語

（劇場への行き方を私に教えていただけませんか）

　ここで気づいて欲しいのは、how to get（到着する方法）という「句」が、「名詞句」としてway（道順）という名詞と同じ働きをしていることだよ。

では、「疑問詞＋不定詞」の形で、how以外の疑問詞を使った例も見ておこう。

・I don't know **what** to say.

（何と言えばよいか、わからない）

・I still haven't decided **where** to go.

（私はどこへ行くか、まだ決めかねている）

・You can decide **when** to study.

（いつ学ぶかはあなたが決められる）

・I don't know **who** to ask.

（誰に尋ねるべきか、わからない）

---

knowやtellのように、うしろに「疑問詞＋不定詞」の形をとる動詞は、ほかにask（尋ねる）やteach（教える）などがあるよ。

例 **「疑問詞＋不定詞」を目的語にとる動詞**

・ask（〜に…を尋ねる）

Kero **asked** me how to use chopsticks.

（ケロは私にお箸の使い方を尋ねてきた）

・teach（〜に…を教える）

Kero **taught** me how to swim.

（ケロは私に泳ぎ方を教えてくれた）

> この文はKero taught me swimming.（ケロは私に水泳を教えてくれた）のように書き換え可能だよ。how to swim（名詞句）がswimming（名詞）と同じ役割をしているんだね。

---

⑥SVCの「補語」になる不定詞

　これまで不定詞が名詞句として、S（主語）やO（目的語）になるケースを学んできたね。今度はSVCのC（補語）になるケースを見ていこう。本題に入る前に、SVC文型のおさらいから入ろう。ケロ、SVC文型の文を思い出せるかな？

　「I am a frog.（僕<ruby>僕<rt>ぼく</rt></ruby>はカエルです）とか、I am happy.（僕は幸せです）がSVC文型だったよね！」

　その通り。SVC文型では、C（補語）がS（主語）を補足<ruby>補足<rt>ほ そく</rt></ruby>説明しているので、S＝Cの関係が成り立つんだったね。

　ここでは、このCに不定詞（＝名詞句）がくるパターンを学んでいこう。

　Cのところに不定詞がくるよ

　前に出てきた To see is to believe.（百聞<ruby>百聞<rt>ひゃくぶん</rt></ruby>は一見<ruby>一見<rt>いっけん</rt></ruby>にしかず）という文を例にとろう。

S	V	C（名詞句）

To see　is　to believe.

　　　　　　 不定詞

（《直訳》見ることは信じることです。→百聞は一見にしかず）

この文では、不定詞to believeが**名詞用法（～すること）**なので、名詞句として C（補語）になっているんだ。

> このことわざは、C（補語）だけでなく、S（主語）の不定詞to see も同じ 名詞用法で、名詞句になっているんだよ。

ちなみに、Cが「句」であっても、SVC文型は**S＝C**の関係が成り立つので、 to see（見ること）とto believe（信じること）はイコールの関係になっているんだよ。

To see is to believe.

もう一つ、例を見ておこう。

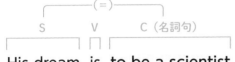

His dream is to be a scientist.　（彼の夢は科学者になることです）
不定詞＋語句

> 「his dream」＝「to be a scientist」の関係が成り立っているね。

この文では、C（補語）になる「不定詞＋語句」がto be a scientistという4 語だね。to believeのような2語ではないから、名詞句とは思わないかもしれな いけれど、「句」は**「2語以上の意味のかたまりで、S＋Vを含まないもの」**。だ から、これも名詞句なんだよ。

⑦ SVOCの「補語」になる不定詞

次に、SVOC文型のC（補語）に不定詞がくるケースを学んでいこう。
まずは、SVOC文型のおさらいからだ。次の4つの文はすべてSVOC
文型だよ。

SVOC文型

```
  S        V      O      C
The movie made her a star.
                  名詞
```
（その映画は彼女をスターにしました）

```
 S     V    O    C
You make me happy.
            形容詞
```
（あなたは私を幸せにしてくれます）

```
    S        V      O      C
The comedy kept me laughing.
                    現在分詞
```
（そのコメディで私は笑いが止まらなかった）

```
    S        V      O      C
The comedy never made me bored.
                          過去分詞
```
（そのコメディは私を決して退屈させなかった）

 「思い出してきたぞ！　たしかC（補語）には、名詞や形容詞だけでなく、
分詞も入るんだったね！」

その通り！　そして、SVOC文型はO（目的語）＝C（補語）の関係が成り立っ
ていることも重要だったね（→p.70）。

では、本題に移ろう。SVOC文型ではC（補語）に不定詞がくることもあるんだけど、これまでとは違うところがあるんだ。それは、O（目的語）とC（補語）の関係性だよ。いったいどういうことなのか、これから解き明かしていこう。

 Cのところに
不定詞がくるよ

このSVOC（不定詞）の形をとる代表的な動詞の一つがwant。「want＋O＋C（不定詞）」という形で、「Oが〜することを望む、Oに〜してもらいたい」という意味になるんだ。では、wantを使った例文を見てみよう。

（私は彼に彼女を助けてもらいたいです）

 人称代名詞herはhelp（〜を助ける）の目的語になっているんだよ。

 「たしか、SVOC文型は、O（目的語）のところに、人やモノに関する単語が入っていたよね？」

そうだね。この文のようにSVOC文型のO（目的語）に人称代名詞がくるときは、「目的格」になることを押さえておこう。主格のheでも所有格のhisでもなく、目的格himになるんだよ。そして、もう一つ押さえておきたいのは、O（目的語）が不定詞で表される動作や状態の意味上の主語になるということだよ。

 「意味上の主語って何？」

これまでのSVOC文型の文では、O＝Cの関係が成り立っていたよね。でも、I want him **to help her.** のような不定詞がC（補語）になっている文では、O＝Cではなく、「**OがCをする**」という関係性になっているんだ。意味上の主語がないSVO文型の文と見比べるとよくわかるよ。

her（彼女）をhelpするのは、I（私）
↓
S　　V　　　O（名詞句）

I　want　to help her.　　（《直訳》私は彼女を助けることを望む）

her（彼女）をhelpするのはhim（彼）
↓
S　　V　　　O　　C（名詞句）

I　want　him　to help her.　　（《直訳》私は彼が彼女を助けることを望む）

> OがCの意味上の主語になっているよ。

 「人称代名詞が主語になるときは主格だよね。意味上の主語だったら、him→heにする必要はないの？」

　意味上の主語とはいっても、それはあくまでも呼び名。この文はS（主語）がIで、O（目的語）がhimのSVOC文型なので、主格にする必要はないんだよ。

　ちなみに、このSVOC（不定詞）の形をとる動詞はほぼ決まっているんだ。次のページでwant以外にどのような動詞があるのか確認しよう。

例 **SVOC（不定詞）の形をとる動詞**

・ask ＋ O ＋不定詞「Oに〜するよう頼む、Oが〜するよう求める」

I **asked** my parents to buy me a smartphone.

（私は両親にスマートフォンを買ってほしいと頼みました）

・tell ＋ O ＋不定詞「Oに〜するように言う」

I **told** you to clean up your room!

（私はあなたに部屋をきちんとかたづけるように言いましたよ！）

＊ clean up ...「〜をきちんとかたづける、きれいにする」

・would like ＋ O ＋不定詞「Oに〜してもらいたい」

I **would like** you to join us.

（私はあなたに私たちに加わってもらいたいのです）

＊ I would like ＝ I'd like

・allow ＋ O ＋不定詞「Oが〜することを許す、（主語のおかげで）Oが〜できる」

The scholarship **allowed** me to study abroad.

（奨学金のおかげで海外留学ができました）

直訳では「奨学金は私が海外で学ぶことを許した」となるね。

・enable ＋ O ＋不定詞「Oが〜することを可能にする、（主語のおかげで）Oが〜できる」

This app will **enable** you to enhance your productivity.

（このアプリはあなたの生産性を高めることでしょう）

＊ enhance「〜を高める、向上させる」

・require＋O＋不定詞「Oに〜するように要求する、命じる」

She **required** me to do so.

（彼女が私にそうするように命じました）

・force＋O＋不定詞「Oに〜するように（無理やり）強いる」

They **forced** me to resign.

（彼らは無理やり私を辞職させました）

・encourage＋O＋不定詞「Oに〜するよう勧める［奨励する・励ます］」

She **encouraged** me to pursue my career.

（彼女は私がキャリアを追及するよう励ましてくれました）

　SVOC文型のC（補語）になる不定詞は、to helpのような「to＋一般動詞の原形」ばかりではないよ。このほかに、「to＋be動詞の原形」というパターンもあるんだ。このパターンは、**「to be＋名詞／形容詞」**の形で、O（**目的語**）＝C（**補語**）の関係が成り立つよ。次の文を見てみよう。

```
       ┌───（＝）───┐
 S    V    O     C（名詞句）
┌┐ ┌──┐ ┌──┐ ┌──────────┐
I  believe  her  (to be) trustworthy.
            └─── 不定詞＋語句 ───┘
```

（彼女は信頼できると思います）

＊to beは省略可。

　「believe＋O＋to be 名／形」で、「Oが〜だと思う」という意味になるんだ。この文では、O＝C、すなわち、her＝(to be) trustworthyの関係が成り立っているんだよ。

このような形をとる動詞は、believeのほかに、think、find、consider、supposeなどがあるよ。下の例で確かめておこう。

例　**SVOC（to be 名詞／形容詞）の形をとる動詞**

・think＋O＋to be 名／形（Oを〜だと思う）

Everyone **thought** her (to be) dead.
（誰もが彼女は死んだものと思いました）

・find＋O＋to be 名／形（Oが〜であることがわかる）

I **found** her (to be) friendly.
（私は彼女がフレンドリーなことがわかりました）

・consider＋O＋to be 名／形（Oを〜だと見なす、考える）

They **considered** him (to be) a hero.
（彼らは彼のことを英雄と見なしていました）

・suppose＋O＋to be 名／形（Oを〜だと見なす、考える）

They **supposed** her (to be) guilty.
（彼らは彼女のことを有罪だと思っていました）

---

⑧「補語」になる原形不定詞

応用編として、toのつかない不定詞である「原形不定詞」について学んでおこう。

「不定詞って、いつも『to＋動詞の原形』のセットだと思っていたよ」

基本的にはそうなんだけど、特定の動詞がSVOC文型のV（動詞）にくるときに、toをつけない原形不定詞（原形の動詞）がC（補語）になることがあるんだ。

「いったい、どんな動詞がVにくると、そうなるの？」

それはね、「〜させる」という意味を表す使役動詞や、「見る」といった人間の知覚にかかわる知覚動詞がくるときなんだ。

（A）使役動詞 make/let/have

「人に何かをさせる」という意味の動詞は、「使役動詞」と呼ばれているんだ。「使役」という言葉を聞いて、ケロはどんなことを思い浮かべるかな？

「『使役』かあ……、『人に何かをさせる』って意味だよね？　なんだか無理やりな印象だなあ」

必ずしも「無理やり」なわけではないんだ。では、次のページで使役動詞makeを使った例を見てみよう。

S	V	O	C（名詞句）
His parents	made	Kero	**wear** a helmet.
	使役動詞		原形不定詞＋語句

（彼_{かれ}の両親はケロにヘルメットをつけさせた）

 「へえ、to wear a helmetとは言わないんだね」

　そう！　これは英語のルールの一つなんだ。だから、C（補語）に突然_{とつぜん}「動詞の原形」が登場しても戸惑_{とまど}わないようにしよう。

　また、ここでもう一つ押_おさえておきたいのは、O（目的語）が原形不定詞で表される動作の「意味上の主語」になること。つまり、wear a helmet（ヘルメットをつける）という動作をするのは、O（目的語）のKeroであって、his parents（彼の両親）ではないんだ。このことには気をつけよう。

> 「意味上の主語」についてわからない場合は、p.144でおさらいしてね。

　使役動詞はmakeのほかに、let、haveがあって、少しずつ意味が異_{こと}なるよ。それぞれの文を見比_{くら}べて、意味の違_{ちが}いを押さえておこう。

使役動詞 make/let/have の違い

・make「〜させる」

His parents made Kero **wear** a helmet.

（彼の両親はケロにヘルメットをつけさせた）

> makeは、強制的で無理やり感がある使役動詞だね。

・let「〜させる」

My parents let me **go** abroad.

（私の両親は私を外国に行かせてくれた）

> letは本人の意思を尊重している使役動詞だよ。

・have「〜してもらう」

I had my friend **pick** me up.

（友だちに車で迎えに来てもらった）　＊pick＋人＋upで「《人》を車で迎えに行く」

> haveは頼んでしてもらうニュアンスがある使役動詞だよ。

(B) 知覚動詞

「聞こえる」「感じる」「見る」といった人間の五感にまつわる動詞のことを**「知覚動詞」**というよ。英語でいえば、hear（聞こえる）、feel（感じる）、see（見る）などだよ。

hear（聞こえる）　　feel（感じる）　　see（見る）

使役動詞と同じように、**SVOC文型**のV（動詞）に知覚動詞がくるとき、C（補語）にはtoのつかない「原形不定詞」がくるんだ。

では、知覚動詞のhear（聞こえる）を使った例を見てみよう。

S　　V　　　O　　　C（名詞句）

I heard Kero **make** a noise.

知覚動詞　　　　　原形不定詞＋語句

（私はケロが音を立てるのを聞きました）

《hear＋O＋C（原形不定詞）》で「Oが〜するのを聞く」という意味になるよ。

　このように、SVOC文型で知覚動詞がV（動詞）の場合も、C（補語）は原形不定詞になるんだ。

　また、ここでも原形不定詞で表される動作の意味上の主語は、O（目的語）のKero。つまり、make a noise（音を立てる）という動作をするのはKeroであって、I（私）ではないということなんだ。知覚動詞は、ほかに次のようなものがあるよ。

例　そのほかの知覚動詞

・feel＋O＋原形不定詞「Oが〜するのを感じる」

I **felt** tears **fall** on my face.

（私は涙がほほをつたわり落ちるのを感じました）

・see＋O＋原形不定詞「Oが〜するのを見る」

I **saw** them **enter** the restaurant.

（私は彼らがレストランに入るのを見ました）

 「なるほど！　SVOC文型で、V（動詞）に『使役動詞』と『知覚動詞』がくるとき、Cにくるのは『原形不定詞』なんだね！」

⑨ 「動名詞」って、どんなもの？

　ここからは動詞を名詞的に使う、もう一つの形である「動名詞（doing）」について見ていくよ。不定詞の名詞用法が、「名詞句」としてS（主語）やO（目的語）、C（補語）になったように、-ing形の動名詞も「名詞句」になることができるんだ。

「あれっ？　動詞にingをつけると、『～しているところだ』っていう進行形になるんじゃなかったっけ？」

　それは「現在分詞」としての用法だね（→p.91）。-ing形には、**現在分詞**と**動名詞**という２つの顔があるんだよ。

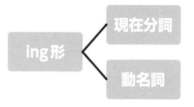

　「動名詞」は**「～すること」**という意味をもつ-ing形で、「動名詞」という名称（めいしょう）からもわかるように、名詞的な要素（ようそ）が含（ふく）まれているものなんだ。例えば、swim（泳ぐ）であればswimming（泳ぐこと）、work（働く）であればworking（働くこと）のように変化するんだよ。

　次のページから、動名詞が名詞句として文の中でどのように活躍（かつやく）するか見ていこう！

⑩「主語」になる動名詞

「動名詞」は、その名の通り、動詞と名詞の要素を持っているんだ。不定詞の名詞用法が名詞句として、文の中でS（主語）、O（目的語）、C（補語）になったように、動名詞も同じような働きをするんだ。まずは、S（主語）になる動名詞から見ていこう。

Sのところに動名詞がくるよ

次の文は、see（見る）という動詞が動名詞 seeing（見ること）になって、S（主語）になっている文だよ。

　　　S　　　V　　　　C

Seeing is believing.

動名詞

（《直訳》見ることは信じることです。→百聞は一見にしかず）

> 不定詞を使った To see is to believe. という言い方もあったね（→p.135）。ちなみに、この文はC（補語）にも believing という動名詞が使われているよ。

 「seeing って1語だよね？　動名詞が『名詞句』になるって言ってたけど、1語だと『句』とはいえないんじゃないの？」

たしかにそうだね。正確に言えば、動名詞に何らかの修飾語がついた2語以上のかたまりが、「名詞句」になるんだ。例えば、次のような文がそうだね。

```
     S（名詞句）        V        C
```

Working with you　was　a great experience.
動名詞＋語句

（あなたと一緒に働いたことは、素晴らしい経験でした）

　この文は、with youという修飾語が動名詞workingをうしろから修飾して、「あなたと一緒に働くこと」という名詞句になっているんだ。

 「そもそもなんだけど……不定詞の名詞用法でも『～すること』という意味になるし、名詞句として同じ役割をするのに、なんで動名詞を使った表現が必要なの？」

　「不定詞の名詞用法」と「動名詞」は同じように見えるけど、実は少し異なる役割を担うことがあるんだ。だから完全にイコールではないんだよ。

 「いったい、どんな違いがあるの？」

　不定詞は「これからのこと」、動名詞は「これまでのこと」を表す傾向があるんだ。不定詞のtoには、前置詞toの「～へ向かって」という意味の名残があって、「済んだこと」（過去）ではなく、「これから」（未来）というニュアンスが含まれているんだよ。

これまでのこと	これからのこと
動名詞	(to)不定詞

　このほかに、「～することは…だ」のような一般論を述べるとき、Sにくるのは主に不定詞ではなく動名詞という違いがあるよ。
　Saving money is important.（貯金することは大事だ）
　（△）To save money is important.

⑪「目的語」になる動名詞

次に、SVO文型のO（目的語）に動名詞がくるケースを見ていこう。

Oのところに動名詞がくるよ

Kero likes to swim.（ケロは泳ぐことが好きです）という文は、不定詞の名詞用法のto swimがO（目的語）になっているね。この不定詞to swimのところは、次のように動名詞swimmingに差し替えることができるんだ。

```
   S       V      O（名詞句）
┌─┐   ┌─┐   ┌──────┐
Kero  likes  to swim.
              ↓    不定詞
   S       V         O
┌─┐   ┌─┐   ┌──────┐
Kero  likes  swimming.
                動名詞
```

このように動名詞もSVO文型のO（目的語）になることができるんだ。
では、「動名詞＋修飾語」が名詞句になっている例文を見てみよう。

```
   S      V            O（名詞句）
┌─┐  ┌─┐  ┌────────────────┐
Kero likes  swimming in the river.
              動名詞＋語句（修飾語）
```

（ケロは川で泳ぐことが好きです）

> in the river（川で）がswimming（泳ぐこと）をうしろから修飾して、「川で泳ぐこと」という意味の名詞句になっているよ。

SVO文型のO（目的語）として動名詞を使うときに注意しなければならないのは、どんな動詞がV（動詞）で使われているかということだよ。なぜなら、likeのように動名詞と不定詞の両方をO（目的語）にとれる動詞があったり、動名詞しかO（目的語）にとれない動詞があったりするからなんだ。

 「ややこしいな……」

　まずは両方をうしろにとることができる動詞について見ていこう。like以外には、次のような動詞があるよ。

例 「動名詞」と「不定詞」両方をO（目的語）にとる動詞

・love（～が大好きである、～を愛する）

　I **love** playing the piano.

　I **love** to play the piano.　（私はピアノを弾くのが大好きです）

・start（～を始める）

　She **started** studying music.

　She **started** to study music.　（彼女は音楽の勉強を始めました）

・continue（～を続ける）

　He **continued** watching TV.

　He **continued** to watch TV.　（彼はテレビを見続けました）

　次に、動名詞しかO（目的語）にとれない動詞について見ていこう。動詞enjoy（～を楽しむ）はうしろに動名詞しかとれない動詞。だから、次のような文はenjoyed to play tennisとは言えないんだ。

S　　　V　　　　　　O（名詞句）

Kero **enjoyed** playing tennis with his friends.

動名詞＋語句（修飾語）

（ケロは友だちとテニスをすることを楽しみました）

「ほかにも enjoy みたいに動名詞しかとらない動詞はあるの？」

もちろん、ほかにもいろいろあるんだ。少しずつ、覚えていこうね。

例 「動名詞」しか O（目的語）にとらない動詞

・finish（〜を終える）

Kero has just **finished** cleaning his room.

（ケロは自分の部屋の掃除をちょうど終えたところです）

> 「have[has] ＋過去分詞」で「〜したところだ」という意味。現在完了形の文になるよ。

・mind（〜を嫌がる）

I don't **mind** taking care of them.　　（彼らの面倒をみてもいいですよ）

> mind を「〜を嫌がる」という意味で用いるときには、否定文か疑問文で使うのが一般的。take care of ...で「〜の面倒をみる、世話をする」という意味だよ。

・keep（〜を続ける）

The baby **kept** smiling at us.

（その赤ちゃんはずっと私たちにほほ笑んでくれた）　　＊smile「ほほ笑む」

・deny（〜を否定する）

The man **denied** robbing the store.

（その男は店に強盗に入ったことを否定した）　　＊rob「〜に強盗に入る」

・admit（〜を認める）

She **admitted** making a mistake.

（彼女は間違いを犯したことを認めた）　　＊make a mistake「間違いを犯す」

158

・imagine（〜を想像する）

Just **imagine** swimming in a huge pool.

（巨大なプールで泳ぐことを想像してみて）

・suggest（〜を提案する）

He **suggested** joining the program.

（彼はそのプログラムに参加することを提案した）

・avoid（〜を避ける）

She **avoided** confronting the issue.

（彼女はその問題に直面することを避けた）

・consider（〜を検討する）

Kero **considered** taking online classes.

（ケロはオンライン授業を取ることを検討した）

・practice（〜を練習する）

Kero **practiced** singing songs. 　（ケロは歌を歌う練習をした）

・dislike（〜を嫌う）

I **dislike** being in crowds. 　（私は人混みの中にいるのが嫌いだ）

> 実際にはdislikeの代わりにI don't like being in crowds. という言い方のほうがよく使われるよ。また、dislikeはまれにだけど、うしろに不定詞がくるケースがあるよ。

また、目的語にくるのが「動名詞」か「不定詞」かで、**意味が変わってきてしまう**少しやっかいな動詞もあるんだ。次のページで例を見ておこう。

例 **O（目的語）が動名詞か不定詞かで意味が変わる動詞**

・stop

stop *doing*（～することをやめる）

My grandfather **stopped** drinking alcohol.

（私の祖父は飲酒をやめました）

stop to *do*（～するために立ち止まる）

Kero **stopped** to take a break.（ケロは一休みするため立ち止まりました）

> 「立ち止まる」という意味のときのstopは自動詞。うしろに目的語はこないよ。
> to take a breakの部分は「副詞的用法」で、「～するために」という目的を表
> しているよ。stop *doing*と比べるために取り上げたけど、「名詞句」としての
> 不定詞ではないから間違えないでね！

・remember

remember *doing*（～したことを覚えている）

I **remember** visiting this place.

（私はこの場所に行ったことを覚えています）

＊place「場所」

remember to *do*（忘れずに～する）

Please **remember** to log out before leaving the computer.

（コンピューターを離れる前にログアウトすることをお忘れなく）

＊log out「（パソコンなどから）ログアウトする」

・forget

forget *doing*（～したことを忘れる）

I will never **forget** spending time with you.

（あなたとともに過ごした時間を決して忘れません）

＊spend time「時を過ごす」

forget to *do*（～することを忘れる）

I **forgot** to call her back.（彼女に折り返し電話をかけるのを忘れました）

＊call ... back「～に折り返し電話をする」

⑫ 「補語」になる動名詞

文の中でS（主語）やO（目的語）になることだけが「動名詞」の役割ではないよ。動名詞は名詞と同等の働きをするから、C（補語）にくることもあるんだ。では、SVC文型のCに動名詞がくるケースを見ていこう。

Cのところに動名詞がくるよ

スヌーピーを生み出したアメリカの漫画家チャールズ・シュルツの言葉に、次のようなものがあるよ。

S	V	C（名詞句）

Happiness is having your own library card.

動名詞＋語句

（幸せとは自分の図書カードを持っていることだ）

＊ have「～を持っている」

この文は動詞 have が動名詞 having になって、having your own library card（自分の図書カードを持っていること）という**名詞句**が、C（補語）になっているんだ。SVC文型では**S＝C**の関係が成り立つから、ここでも happiness ＝ having your own library card という関係性になっているわけだよ。

happiness

では、もう一つ例を見てみよう。

S	V	C（名詞句）

Our mission is empowering children.
　　　　　　　　　 動名詞＋語句

（私たちの使命は子供たちを力づけることです）

＊empower「〜を力づける」

この文は動詞 empower が動名詞 empowering になって、empowering children（子供たちを力づけること）という**名詞句**がC（補語）になっているんだ。

ところでケロ、5つの文型の中にはC（補語）が出てくる文型がもう一つあったよね？　覚えているかな？

 「**SVOC文型**だよね」

その通り！　では、次に動名詞がSVOC文型のC（補語）になるケースを見ていこう。

 Cのところに動名詞がくるよ

次の例文を見てみよう。

S	V	O	C（名詞句）

We don't mind you joining us.
　　　　　　　　　　　　 動名詞＋語句

（あなたが私たちに加わることは気にしませんよ）

SVOC文型ではO＝Cの関係が成り立つ文のほかに、I want him to help her.（私は彼に彼女を助けてもらいたいです）(→p.144) のように、OがCの動作の意味上の主語になる文もあったね。

I call him Kero.　　（私は彼をケロと呼ぶ）

I want him to help her.　　（私は彼に彼女を助けてもらいたいです）

彼女を助けるのはI（私）ではなく、him（彼）

SVOC文型のC（補語）になる動名詞の場合も、不定詞と同じように、OがCの意味上の主語になるんだ。つまり、We don't mind you joining us. は you（あなた）＝ joining us（私たちに加わること）の関係性ではなく、you（あなた）が us（私たち）に join（加わる）という関係性なんだよ。

　「SVOC文型には『O＝Cが成り立つ場合』と『OがCの意味上の主語になる場合』の2つがあるんだね！　オイラ、よくわかったよ！」

動名詞の意味上の主語は「所有格」にするという文法上のルールがあるのだけれど、現代では目的格を使うことのほうが多いよ。もし「所有格」にする場合は、We don't mind your joining us. となるよ。

⑬形式主語としての it

　ここでは代名詞 it を使った用法について学んでいくよ。it は短い単語ながら、英語の文を理解するのに欠かせない役割を果たしているんだ。

　次の文のように、前に出てきた物を指す it については、ケロも知っているよね。

The flower is beautiful. It is pink.

（その花は美しいです。それはピンク色です）

> it は前にある the flower を指しているよ。

 　「うん、これはわかるよ。it って『それ』という意味だけではないの？」

　そうなんだ。it はこのほかに**形式主語**として、S（主語）の場所に置かれることがあるんだよ。

 　「形式主語って何？」

　形式主語というのは、S（主語）が長くなるのを避けるため、S の代わりに形式的に置かれる it のこと。つまり、仮の S ということだよ。形式主語を使った文は、**It is ＋名詞／形容詞＋本来の主語**のように、it を文頭に置いて、本来の S は最後に添える形になるんだ。

　この形をとるのは、本来の S（主語）が**不定詞、動名詞、that 節、wh-節**のときだよ。ここでは「名詞句」となる、不定詞と動名詞のケースについて見ていくよ。

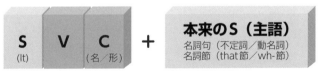

《It is 名詞／形容詞＋不定詞》

それでは、形式主語 it が不定詞の代わりに S（主語）に置かれるのを確認しよう。

S（名詞句）　V　C

To invite them is a good idea.
不定詞＋語句　　　　　　名詞

it を文頭に置いて、本来の S の代わりにしよう！

S V　C　本来の S

It is a good idea to invite them.
　　　　名詞

（彼らを招待するのはよい案です）

この文は to invite them という本来の S の代わりに it を置いて、《It is ＋名詞＋本来の S》の形にしているんだ。もう一つ例を見てみよう。

S（名詞句）　V　C

To swim in the pool is enjoyable.
不定詞＋語句　　　　　　　形容詞

S V　C　本来の S

It is enjoyable to swim in the pool.
　　　形容詞

（プールで泳ぐのは楽しいです）

形式主語の it は「それ」と訳したりしないから注意してね！

この文も、to swim in the pool という本来の S の代わりに it を置いているというわけだね。

《It is名詞／形容詞＋動名詞》

次は形式主語itが動名詞の代わりにS（主語）になるパターンだよ。

（あなたと仕事をご一緒できてよかったです）

この文は、working with youという本来のSの代わりにitを置いて、《It was＋名詞＋本来のS》の形になっているんだ。もう一つ例を見てみよう。

（あなたとお話できてよかったです）

この文もtalking with youという本来のSの代わりにitを置いているんだ。

どうだろう。itが仮のS（主語）として文頭に置かれ、本来のS（＝不定詞や動名詞を使った名詞句）のことを指している構造が見えてきたかな？

「うん、見えてきたよ！　形式主語itを置いて、本来のSにあたる不定詞や動名詞は後回しにするんだね！」

⑭形式目的語としてのit

　ここからは形式目的語としてのitについて学んでいくよ。形式主語より少し複雑だから注意して聞いてね。ケロはSVOC文型の文といえば、どんな文を思い出すかな？

 「I find her smart.（彼女は賢いと思う）という文があったよ」

　それは、O（目的語）に人称代名詞のherがきている文だね（→p.87）。動詞findには、「OがCであることが（経験を通じて）わかる」という意味があったよね。形式目的語のitは、SVOC文型のO（目的語）に「名詞句」や「名詞節」が入る場合に用いるんだ。形式目的語itを代わりにOの場所に置いて、本来のOは文の最後に添えるんだよ。

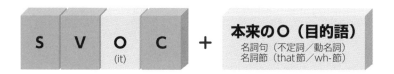

 「そうなんだ。じゃあ、句や節はそのままOの場所には置かないってこと？」

　そうなんだ！　句は「S＋Vを含まない2語以上の意味のかたまり」で、節は「S＋Vを含む、2語以上の意味のかたまり」。だから、そのままだと必然的にO（目的語）が長くなってしまうんだ。
　そうなると、バランスも悪いし、「何が**どうだ**とわかったのか」というC（補語）の部分がスパッと伝わりにくいよね。だから、それを避けるために、形式的にitを置いて、本来の目的語をC（補語）のうしろに置いているんだ。

　では次のページで名詞句が本来のO（目的語）になっている例を見てみよう。

《S V it C＋不定詞》

本来のO（目的語）である「不定詞」の代わりに形式目的語 it が置かれる例を見てみよう。

it を代わりに置いて、仮の目的語になってもらおう！

（ケロはそのアプリを使うのが簡単_{かんたん}だということがわかった）

《S V it C＋動名詞》

形式目的語 it は、「動名詞」の代わりにO（目的語）になることもあるよ。

形式目的語の it を使えば、「ケロは簡単だとわかったよ／そのアプリを使うことが」のように、C（補語）の easy がスパッと伝わりやすいね！

「なるほど！　it が文を伝わりやすくしているんだね！」

その通り！　「it ＝それ」だけではなく、形式主語・形式目的語の it の役割_{やくわり}もきちんとおさえておこう。

名詞節（that 節や wh- 節）の代わりに使われる形式主語・形式目的語の it については、Lesson 17 で取り上げているよ。

目 で 見 て 理 解

「不定詞と動名詞の違い」

　不定詞は「これからのこと」、動名詞は「これまでのこと」を表す傾向があります。不定詞のtoには、前置詞toの「〜へ向かって」という意味の名残があって、「これから」（未来）というニュアンスが含まれているのです。

これから

| 現在 | ▶ （to）不定詞 | |

I wants to visit Canada someday.
（私はいつか、カナダを訪れたいです）

一方、動名詞は「現在あるいはこれまでに事実となっていること」を表します。

これまで
動名詞　　　　　　| 現在 |

I remember visiting the village.
（私はその村を訪れたことを覚えています）

　また、「不定詞」「動名詞」は、ともに文の中で「主語、目的語、補語」になりますが、不定詞は名詞用法であっても、前に前置詞を置くことはできません。

第2章

目で見て理解

169

Lesson 15

形容詞句

「名詞句」が名詞と同じ役割をするように、「形容詞句」も形容詞と同じ役割をするんだ。つまり、形容詞と同じように、文の中で名詞を修飾したり、C（補語）になったりするわけだね。形容詞句になるのは、おもに「不定詞」「分詞＋語句」「前置詞＋名詞」の3つ。それでは、形容詞句について学んでいこう。

 ① 「形容詞句」の3つのポイント

「形容詞句」は、文の中で形容詞と同じ働きをする句のこと。形容詞句には、次の3つのポイントがあるんだ。

❶2つ以上の単語のかたまりである。ただし、「S+V」は含まない。

$$\boxed{単語} + \boxed{単語} + \cdots = \boxed{句}$$

❷形容詞句には、形容詞と同じ働きがある。

「形容詞句」は「形容詞」と同じように、文の中でC（補語）になるよ。

❸形容詞句には、おもに３つの形がある。

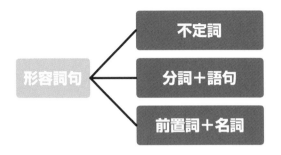

> 「形容詞句」になるのは、おもに「不定詞（＝ to do）」「分詞（現在分詞／過去分詞）＋語句」「前置詞＋名詞」だよ。

　まずは「形容詞」について、おさらいしておこう。「形容詞」はどんな働きをする品詞だったか覚えているかな？

　「a beautiful bird とか、a big dog みたいに、名詞を飾ることばだよね？」

　大正解！　形容詞は次のように名詞を飾る、つまり修飾する品詞だったね。

a beautiful bird　　（きれいな鳥）　　　a big dog　　（大きな犬）

　形容詞　名詞　　　　　　　　　　　　　形容詞　名詞

　　　修飾　　　　　　　　　　　　　　　　　修飾

また、次のようにうしろから名詞を修飾する場合は、その名詞の一時的な状態<ruby>状態<rt>じょうたい</rt></ruby>を表すんだったね。

The <u>members</u> present were not aware of this.

名詞　　　　　形容詞

「形容詞」がうしろから修飾

（出席メンバーはそのことに気づいていませんでした）

ここで学ぶ**形容詞句**は形容詞と同じように、名詞を修飾するんだ。
形容詞句になるのは、おもに次の３つだよ。

❶不定詞
❷分詞（現在分詞／過去分詞）＋語句
❸前置詞＋名詞

形容詞句はおもにうしろから名詞を修飾するんだ。つまり、一時的な状態を表しているということだね。

「形容詞句っていろいろなパターンがあるんだね。それに『形容詞』が含まれていないのに『形容詞句』になるって、なんだか不思議な感じだよ」

「形容詞句」は形容詞が含まれているという意味ではなく、形容詞のような働きをする句ということなんだ。ここは勘違いしやすいポイントだから注意してね。

②不定詞が「名詞」をうしろから修飾する

では、形容詞句になるパターンをひとつひとつ見ていこう。まずは不定詞からだ。不定詞には、名詞用法、形容詞用法、副詞用法という3つの用法があったのを覚えているかな (→p.131)。このうちの**形容詞用法**が、名詞（代名詞）をうしろから修飾する、形容詞句になる不定詞なんだ。

```
    名詞                 不定詞
（代名詞を含む）        （形容詞用法）
        ←─────────────
          うしろから修飾
```

次の文を見てみよう。

これらの文は、to eat（食べるための）やto do（すべき）が**「形容詞句」**として前の名詞を修飾しているんだ。

```
 S      V          O
┌┐┌──────┐┌────────────┐（形容詞句）
I would like  something  to eat.    （何か食べるものが欲しい）
                          ↑
                        [不定詞]
```
代名詞somethingをうしろから修飾

> 不定詞が（代）名詞をうしろから修飾するのが「形容詞用法」。「～するための」という意味になるよ。

```
 S    V       O
┌┐┌──┐┌──────────────┐（形容詞句）
I have  homework  to do.    （私にはすべき宿題があります）
                   ↑
                 [不定詞]
```
名詞homeworkをうしろから修飾

I would like something to eat. は、動詞eatでは名詞somethingを修飾することはできないけど、to eatという不定詞にすることで、「形容詞句」として、うしろから修飾できるというわけなんだ。

「**うしろから修飾**というのが、オイラまだピンとこないよ。日本語とは順番も違うし」

この形容詞句の使い方には、日本語とは違う、英語の特徴が出ているんだ。文全体を先にズバリ言って、それから情報を付け足すのは英語の特徴の一つなんだよ。

I would like something / to eat.
（何かを欲しいのです / 食べるための）

形容詞句で情報を付け足す！

I have homework / to do.
（私には宿題があります / するべき）

私が言いたいのはこれ！
（文全体）

ちょっと付け足しだよ！
（情報の付け足し）

③ 「分詞＋語句」が「名詞」をうしろから修飾する

不定詞だけでなく、「分詞＋語句」も形容詞句として名詞をうしろから修飾することができるよ。

名詞	「分詞＋語句」

うしろから修飾

まずは、「分詞」がどんなものだったか、おさらいをしよう。

分詞ってどんなもの？

(A) **動詞**と**形容詞**の役割を併せ持っている。

(B) 分詞には、次の2つの種類がある。
現在分詞（動詞の-ing形）／過去分詞（動詞の-ed形）

(C) いずれも**形容詞**のように名詞を修飾する。

例　Sleeping <u>Beauty</u>

現在分詞	名詞

前から修飾

（眠れる森の美女）

Haunted <u>Mansion</u>

過去分詞	名詞

前から修飾

（ホーンテッドマンション）

＊《直訳》（幽霊に）出没されるお屋敷

このように、分詞は形容詞のように名詞を修飾する役割があるんだったね。

分詞のおさらいをしたところで、「分詞＋語句」が「形容詞句」として名詞をうしろから修飾する例を見ていこう。まずは「現在分詞＋語句」からだよ。

　次の文を見てみよう。

```
   S    V      O
  ┌┐ ┌──┐ ┌────┐        （形容詞句）
  I  know  the frog  swimming  in the pond.
            名詞      現在分詞＋語句
                    うしろから修飾
```

（池で泳いでいるあのカエルを知っている）

　これはswimming in the pondという句（現在分詞＋語句）が、**形容詞句として**うしろからO（目的語）の名詞frogを修飾しているんだ。次の文も見てみよう。

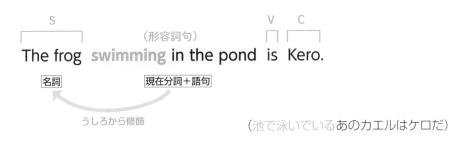

（池で泳いでいるあのカエルはケロだ）

　この文では、S（主語）の名詞frogを「現在分詞＋語句」の形容詞句がうしろから修飾しているね。The frog is Kero.（あのカエルはケロだ）というSVC文型の文に、swimming in the pond（池で泳いでいる）という形容詞句を加えることで、カエルについて具体的に描写しているというわけなんだ。

このように、「**現在分詞＋語句**」は形容詞句として、S（主語）や
O（目的語）の名詞をうしろから修飾するんだ。

 「なるほど。あっ、もしかして、これはもう一つの分詞で
ある過去分詞でも同じなんじゃない？」

　その通り！　「**過去分詞＋語句**」が形容詞句として名詞を修飾するときにも同
じことがいえるんだ。

| 名詞 | 「過去分詞＋語句」 |

うしろから修飾

次の文を見てみよう。

```
          S                （形容詞句）          V    C
┌──────────┐                               ┌┐  ┌──┐
The man  surrounded  by fans  is  Tom.
┌────┐    ┌──────────────┐
 名詞       過去分詞＋語句
```

うしろから修飾

（ファンに囲まれているあの男性はトムだ）

　この文では「過去分詞＋語句」の形容詞句がS（主語）の名詞manをうしろ
から修飾しているね。このように「過去分詞＋語句」も形容詞句として名詞をう
しろから修飾するんだよ。
　The man is Tom.（あの男性はトムだ）だけでもSVC文型の文として成り立
つけれど、**形容詞句**を加えることで、男性の**状態**について具体的に描写している
というわけだね。

「でも、いったいどんなときに『現在分詞』を使って、どんなときに『過去分詞』を使うの？」

　それは修飾する「名詞」と「分詞」の関係性を考えるといいんだ。修飾する名詞がしていることなのか、されていることなのかによって決まるんだよ。

The frog swimming in the pond is Kero.

（池で泳いでいるあのカエルはケロだ）

> この文は、名詞frog（カエル）が自ら泳いでいる（＝能動的）よ！

The man surrounded by fans is Tom.

（ファンに囲まれているあの男性はトムだ）

> この文は名詞man（男性）が、ファンによって取り囲まれた状態（＝受け身的）だよ！

　つまり、自ら行動する（能動的な）場合は現在分詞を使い、誰か（何か）にされている（受け身的な）場合は過去分詞を使うんだよ。

④「前置詞＋名詞」が「名詞」をうしろから修飾する

「前置詞」は、**ある品詞**の前に置いて、場所や時間などを表すことができたね。どんな品詞だったか、ケロは覚えているかな？（→p.48）

「うん！　名詞だよね？」

正解！　実は、その「前置詞＋名詞」の組み合わせは「不定詞（形容詞用法）」や「分詞＋語句」と同じように、**形容詞句**としてうしろから名詞を修飾することができるんだ。

| 名詞 | ← うしろから修飾 | 「前置詞＋名詞」 |

では、次の映画のタイトルを例に見ていこう。

（形容詞句）

Ghost in the Shell　『攻殻機動隊』

名詞　前置詞＋名詞

うしろから修飾

＊前置詞in「《場所》〜の中の」

これは、in the shell（殻の中の）という「前置詞＋名詞」のかたまりが**形容詞句**として名詞ghost（ゴースト）をうしろから修飾している形なんだ。

続けてもう一つ、例を見てみよう。

（形容詞句）

Shakespeare in Love　　『恋におちたシェークスピア』

名詞　　　前置詞＋名詞

うしろから修飾

＊前置詞 in「〜状態の」

これは、in love（恋している状態の）という「前置詞＋名詞」のかたまりが、直前の名詞 Shakespeare（シェークスピア）を修飾しているんだよ。

　「**同じ前置詞 in でも、意味はそのときどきで違うんだね**」

そうだね。前置詞は短い単語が多いからシンプルに見えるかもしれないけれど、実は奥が深いんだ。in＝「〜の中の」のように、1つの意味だけを覚えて満足しないでね！

では、in 以外の前置詞を使った「前置詞＋名詞」の形容詞句もいくつか見ていこう。

《前置詞 on ＋名詞》

（形容詞句）

Fiddler on the Roof　　『屋根の上のバイオリン弾き』

名詞　　　前置詞＋名詞

うしろから修飾

＊前置詞 on「《接触を表して》〜の上の」

これは形容詞句 on the roof（屋根の上の）がうしろから名詞 fiddler（バイオリン弾き）を修飾している形だね。

《前置詞of＋名詞》

世界最古の長編小説と呼ばれる『源氏物語』は、英語でThe Tale of Genjiというよ。この英語タイトルには「of＋Genji」という形容詞句が含まれているね。

（形容詞句）

The Tale of Genji　　　『源氏物語』

名詞　　　前置詞＋名詞

うしろから修飾

＊前置詞of「《関連》〜の、〜についての」

これは形容詞句of Genji（源氏の）がうしろから名詞tale（物語）を修飾しているんだ。このように「前置詞＋名詞」の形で、直前の名詞を修飾しているタイトルは、このほかにもたくさんあるんだ。いくつか紹介しておこう。

例　**前置詞＋名詞が使われているタイトル**

in

・Alice in Wonderland 『不思議の国のアリス』

on

・Little House on the Prairie 『大草原の小さな家』

・Miracle on 34th Street 『34丁目の奇跡』

・Air on the G String 「（バッハの）G線上のアリア」

of

・Grave of the Fireflies 『火垂るの墓』

・The Phantom of the Opera 『オペラ座の怪人』

・The Wizard of Oz 『オズの魔法使い』

・Pirates of the Caribbean

「（東京ディズニーランドにある）カリブの海賊」

「作品名ばかりだけど、それ以外では使われないの？」

　もちろん、普通の文にも出てくるよ。S（主語）やO（目的語）になる名詞をうしろから修飾することもあるんだ。まずは、Sを修飾する「前置詞＋名詞」の例から見てみよう。

```
  S                      V   O
┌────────┐  （形容詞句） ┌─┐┌──┐

The frog  in the pond  is  green.
┌──┐      ┌──────────┐
名詞       前置詞＋名詞
          ↖_____
          うしろから修飾
```

（池にいるそのカエルは緑色です）

　この文では、「前置詞＋名詞」のかたまり in the pond（池にいる）が、**形容詞句**としてS（主語）の名詞 frog（カエル）をうしろから修飾しているんだ。The frog is green.（そのカエルは緑色です）だけでもSVC文型の文として成り立つけれど、形容詞句 in the pond を付け加えることで、より具体的な内容になっているというわけだね。

「前に I swim in Hotaru pond.（僕はホタル池で泳ぐ）という文があったけど、この in Hotaru pond も形容詞句だったの？」

　いや、それは違うんだ！　その in Hotaru pond は、動詞 swim を修飾している。つまり、副詞の役割をしている「副詞句」なんだ。「副詞句」については次の Lesson 16 (→p.190) で取り上げるから、今はわからなくてもOKだよ。

ではもう一つ、例を見てみよう。

S　　　　（形容詞句）　　　　V　　　O

People　in Mexico　speak　Spanish.

名詞　　　前置詞＋名詞

うしろから修飾

（メキシコの人々はスペイン語を話す）

　この文では、「前置詞＋名詞」のかたまりin Mexico（メキシコの）が、**形容詞句**としてS（主語）の名詞people（人々）をうしろから修飾しているんだ。People speak Spanish.（人々はスペイン語を話す）だけでも、SVO文型の文として成り立つけれど、形容詞句in Mexicoを付け加えることで、「どの国の人々なのか」という具体的な内容にしているわけだね。

> ちなみに、People there speak Spanish.（そこにいる人々はスペイン語を話す）のように、副詞のthereが、うしろから名詞を修飾するケースもあるよ。副詞は基本的に名詞を修飾しないけれど、there（そこにいる）やhere（ここにいる）は特殊で、直前の名詞を修飾することができるんだよ。

　では、次にO（目的語）の名詞を修飾する「前置詞＋名詞」の形を見てみよう。

S　V　　O　　　　　　　（形容詞句）

I　met　a woman　from India.　　（私はインド出身の女性と出会った）

名詞　　　前置詞＋名詞

うしろから修飾

> 前置詞fromには「～出身の」という意味があるよ。

この文では、「前置詞＋名詞」のかたまり from India（インド出身の）が、**形容詞句**として O（目的語）の名詞 woman をうしろから修飾しているんだ。

I met a woman.（私は女性に出会った）だけでも SVO 文型の文として成り立っているけれど、形容詞句 from India を付け加えることで、どこから来た女性かという具体的な内容にしているわけだね。

 「『前置詞＋名詞』が形容詞句として名詞を修飾するのがよくわかったよ。まるで形容詞のように働くんだね」

難しい内容が続くけど、焦りは禁物だよ！

⑤「前置詞＋名詞」が「補語」になる

④では「前置詞＋名詞」が形容詞句として、直前にある名詞をうしろから修飾するケースを学んだね。でも、「前置詞＋名詞」には、それ以外の使い方もあるんだ。それは形容詞と同じように、SVCやSVOC文型のC（補語）になるというものだよ。では、SVC文型のケースから見ていこう。

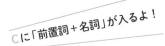

Cに「前置詞＋名詞」が入るよ！

それではケロ、次の英文がどんな意味かわかるかな？

This book will be of help.

 「う〜ん、なんか変な場所に前置詞 of がある気がするんだけど……。be動詞のうしろに of があってもいいの？」

うん、これはOKだよ。この「of help」というかたまりは「前置詞＋名詞」の形容詞句。つまり、形容詞と同等の働きをしているんだよ。

このhelpは「〜を助ける」という動詞ではなく「助け、役立つもの」という名詞なんだ。**「of ＋名詞」は「〜の性質をもって」**という意味があるので、of helpは「《直訳》役立つものとなる性質をもって」となるんだよ。

The book will be of help.
（《直訳》この本は役立つものとなる性質をもっているでしょう）

つまり、「この本は役に立つでしょう」という意味なんだ。

重要なのは、この「前置詞＋名詞」のかたまりが形容詞句として、形容詞と同じようにSVC文型の文でC（補語）になるということだよ。では、同じSVC文型の形容詞と形容詞句の文を比べてみよう。

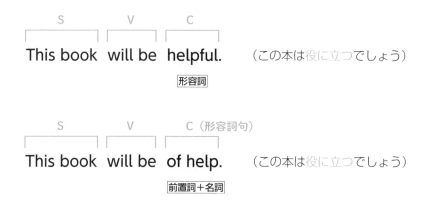

　　S　　　　V　　　　C

This book　will be　helpful.　　（この本は役に立つでしょう）
　　　　　　　　　　形容詞

　　S　　　　V　　　　C（形容詞句）

This book　will be　of help.　　（この本は役に立つでしょう）
　　　　　　　　　　前置詞＋名詞

　2つの文を比べてみればわかるように、形容詞句が形容詞と同じ役割をしているね。

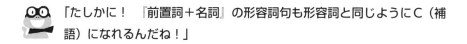

「たしかに！　『前置詞＋名詞』の形容詞句も形容詞と同じようにC（補語）になれるんだね！」

　そういうこと！　ちなみに、SVC文型のC（補語）になるということは、S（主語）とイコールの関係にあるということ。つまり、this book（この本）＝of help（役立つ）という関係が成り立っているんだよ。

　この「of＋名詞」の形で形容詞句になるのは、名詞helpだけではないよ。ほかにも次のような名詞が使われるんだ。

186

> **例** 「of＋名詞」の形で形容詞句になる表現
>
> ・of assistance（助けとなる）
>
> ・of importance（重要な）
>
> ・of value（価値がある）
>
> ・of significance（意義のある）

今度は、別の前置詞が使われた「前置詞＋名詞」文で、形容詞と形容詞句を比べてみよう。

```
  S    V     C
 ┌─┐ ┌─┐ ┌────┐
Kero is  healthy.     （ケロは健康です）
         └──────┘
          形容詞
```

```
  S    V        C （形容詞句）
 ┌─┐ ┌─┐ ┌──────────────┐
Kero is  in good health.    （ケロは健康です）
         └──────────────┘
            前置詞＋名詞
```

「今度は前置詞inが出てきたね！　inもofと同じように『前置詞＋名詞』の形容詞句として使えるの？」

そうだよ。inはin Japan（日本に）のように「場所」を表す以外にも、いろいろな使い方があるんだ。ここでは**「〜の状態で、〜になって」**という意味で、「状態」を表しているんだよ。このin good health「良い健康状態で」は形容詞healthyと同じ意味になるんだ。つまり、「前置詞＋名詞」のin good healthが**形容詞句**として、SVC文型のC（補語）になっているというわけだね。

> SVC文型だから、Kero（ケロ）＝in good health（良い健康状態で）という関係が成り立っているよ。

次に「前置詞＋名詞」の形容詞句がSVOC文型の文でC（補語）になるケースを見てみよう。

Cに「前置詞＋名詞」が入るよ！

次の文は、さっきのin good healthが**形容詞句**として、SVOC文型のC（補語）になっているよ。これも同じように形容詞healthyの文と比べてみよう。

S　V　O　C

Kero　keeps　himself　healthy.

形容詞

（ケロは健康を維持しています）

S　V　O　C（形容詞句）

Kero　keeps　himself　in good health.

前置詞＋名詞

（ケロは健康を維持しています）

＊動詞keep＋O＋C「OをCの状態に保つ」

 「ここでも形容詞句in good healthは形容詞healthyと同じようにC（補語）になっているね！」

「前置詞＋名詞」が形容詞句として、名詞を修飾したり、C（補語）になることがこれでわかったかな？

このLessonで学んだ形容詞句になる不定詞（形容詞用法）、「分詞＋語句」、「前置詞＋名詞」はどれもよく使われるので、しっかり押さえておこうね。

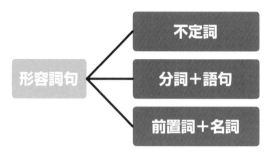

次は副詞句！
でも、その前に一休み！

Lesson 16

副詞句

　副詞は文の中で、動詞、形容詞、ほかの副詞、そして文全体を修飾するんだったね。そんな副詞と同じ働きをする句が「副詞句」なんだ。副詞句になるのは、おもに「不定詞」「分詞＋語句」「前置詞＋名詞」の3つだよ。それでは、副詞句について詳しく見ていこう。

 ① 「副詞句」の3つのポイント

　副詞と同じ働きをする副詞句には、次の3つのポイントがあるんだ。

❶2つ以上の単語のかたまりである。ただし、「S+V」は含まない。

　　単語 ＋ 単語 ＋ … ＝ 句

❷副詞句には、副詞と同じ働きがある。

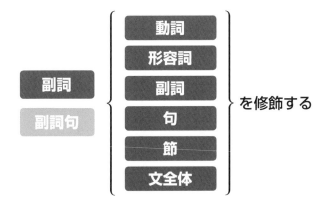

❸副詞句には、おもに３つの形がある

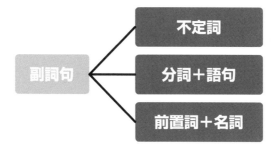

> この中の「分詞＋語句」は、「節」の理解が不可欠だから、ここでは取り上げず
> に Lesson 19「副詞節」で説明するよ（→p.333）。

それでは、まず「副詞」のおさらいから始めよう。
ケロ、副詞は文の中でどんな働きをしていたかな？

 「いろいろなものを修飾する便利な品詞だということは覚えているよ」

その通り。名詞を修飾する形容詞とは異なり、副詞は「**動詞**」「**形容詞**」「**副詞**」
「**句**」「**節**」「**文全体**」を修飾するんだったね（→p.106）。もう一度、例文を見てお
こう。

「動詞」を修飾

（ケロは速く泳ぐ）

「形容詞」を修飾

（ケロはとても親切だ）

「副詞」を修飾

S   V

Kero sang very well.　　（ケロはとても上手に歌った）

副詞　副詞

修飾

「句」を修飾

S   V

Exactly on that day, her father passed away.

副詞　　句　　　　　　　　　　　　　副詞

修飾

（まさにその日、彼女の父はなくなった）

「節」を修飾

S V O

I love coffee simply because it makes me awake in the morning.

副詞　　　　　　　　　　節

修飾

（ただ単に朝目覚めさせてくれるからという理由で、私はコーヒーが好きだ）

「文全体」を修飾

Honestly, Kero is a genius.　　（正直に言って、ケロは天才だ）

副詞　　　　文全体

修飾

　ここまでは、いずれも1つの副詞が修飾するという形だったけど、これから学ぶ「副詞句」は、2語以上からなる意味かたまりがこの役割を担っていくよ。それでは、副詞句になるパターンを見ていこう。

192

②副詞句になる不定詞

ケロ、「不定詞」はどんな形をしていたか覚えているかな？

 「動詞の原形の前にtoがつくものだよね？」

その通り！　また、そのほかに使役(し えき)動詞や知覚(ち かく)動詞などと一緒(いっしょ)に使う「原形不定詞」もあったね（→p.149）。

Lesson 14と15では、不定詞が「名詞句」や「形容詞句」として使われる用法を学んできたけど、不定詞にはもう一つ、「副詞句」として使われる用法があるんだ。**「副詞用法」**と呼ばれるこの用法は、**「動詞」「形容詞」「副詞」「文全体」**を修飾することができるんだよ。

```
動詞
形容詞      ←修飾   不定詞      修飾→   文全体
副詞                （副詞用法）
```

不定詞の副詞用法では、動詞を修飾して《**目的**》を表したり、形容詞を修飾して《**感情の原因**》を表したりするんだよ。

「不定詞」の３つの用法

①名詞用法（→p.134）
②形容詞用法（→p.173）
③副詞用法

このタイミングで不定詞のおさらいをしておこう！

I came here to meet you. （あなたに会うためにここに来ました）

《目的》

I am happy to meet you. （あなたに会えてうれしいです）

《感情(かんじょう)の原因(げんいん)》

③不定詞が「動詞」を修飾する

まず、不定詞の副詞用法が、うしろから動詞を修飾するケースを取り上げるよ。

| 動詞 | ← 修飾 | 不定詞
（副詞用法） |

それでは、次の文を見てみよう。

```
 S    V        （副詞句）
┌┐ ┌──┐    ┌──────┐
I came  here to meet you.        （あなたに会うためにここに来ました）
┌──┐        ┌──────┐
動詞         不定詞＋語句
       ← 修飾
```

> here は「ここに、ここへ」という意味の副詞。副詞は文の主要な要素（＝主語、動詞、目的語、補語）にはならないよ。

この文は不定詞 to meet you（あなたに会うために）が**副詞句**になって、うしろから動詞 came を修飾しているんだ。I came here.（私はここに来た）だけでも SV 文型の文として成立しているけど、不定詞 to meet you が副詞句として加わることで、**何をするために**来たのかという《**目的**》が明確になっているんだよ。

この《目的》を表す不定詞は、次のように文頭にくることもあるんだ。

（副詞句）　　　　　　　　　　　　　S　　V　　O（名詞句）

To be a professional player, you need to practice more.

不定詞＋語句　　　　　　　　　　　　動詞

修飾

（プロの選手になるために、あなたはもっと練習する必要があります）

不定詞を文頭に置くときは、カンマ（,）をつけるよ！

副詞と同じように、副詞句も自由人。だから、このように前から動詞を修飾することもあるんだよ。

ちなみに、「to ＋ do（＝動詞の原形）」以外に、「in order to ＋ do（＝動詞の原形）」の形で《目的》を表すこともあるんだ。上で取り上げた例文をin order to do を使って言い換えると、次のようになるよ。

（副詞句）　　　　　　　　　　　　　　　S　　V　　O（名詞句）

In order to be a professional player, you need to practice more.

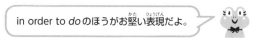

in order to do のほうがお堅い表現だよ。

④不定詞が「形容詞」を修飾する

次に、不定詞の副詞用法が副詞句として、C（補語）の形容詞を修飾するケースを見ていこう。

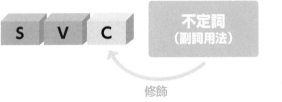

副詞が形容詞を修飾している文と比べてみよう。

「不定詞 to meet you が、うしろから形容詞 happy を修飾しているね」

大切なポイントに気がついたね！ very happy（とても幸せな）のように、形容詞を修飾する副詞（very）は、前から形容詞（happy）を修飾していたね（→p.114）。でも、副詞句として働く不定詞は、**うしろから**前の形容詞を修飾する形になるのが基本なんだ。

「へぇ、副詞の修飾の仕方とは、ちょっと違いがあるんだね」

　ここでは、不定詞to meet you が副詞句として、うしろから形容詞happyを修飾しているんだ。I am happy.（私はうれしい）だけでもSVC文型の文として成り立っているけれど、副詞句to meet youを加えることで、「どうしてうれしいのか」という《感情の原因》が明確になっているというわけなんだ。

(A)「感情」を表す形容詞を修飾する不定詞

　happyのような形容詞は、「感情」を表す形容詞と呼ばれているんだ。こうした「感情を表す形容詞」に不定詞が続くとき、すなわち、「形容詞＋to do」の形となるとき、その不定詞は「〜して…だ」という意味で、《感情の原因》を表すんだよ。私たちはいろいろな感情をもっているけど、happy（うれしい、幸せな）以外には、どんな感情があるかな？

「そうだなぁ。あっ、『悲しい』とかはどう？」

　いいね！　「悲しい」は英語でsadというよ。それでは、sadを使った文を見てみよう。

```
 S    V    C
┌┐  ┌─┐  ┌─┐            （副詞句）

I  was  sad  to hear that.      （それを聞いて悲しかった）
    ┌─────┐  ┌────────┐
    │形容詞│  │不定詞＋語句│
    └─────┘  └────────┘
         ↖_____
              修飾
```

　ここでは、「sad（悲しい）＋不定詞」という形になっているね。副詞句to hear thatが、形容詞sadをうしろから修飾しているんだよ。

「なるほど、『感情を表す形容詞＋不定詞』の形で、不定詞がその感情の原因を表すんだね」

▶目で見て理解「感情を表す形容詞」も参考にしよう（→p.208）。

次は、I was sad.（悲しかった）のsadの部分を変えて、「それを聞いて<u>ショックを受けた</u>」という文にしてみよう。

I was shocked to hear that. （それを聞いてショックを受けた）

S V C （副詞句）
形容詞 不定詞＋語句
修飾

「なんでI was shockedになるの？　I shockedじゃ、ダメ？」

I shockedだと、「私（わたし）はショックを与（あた）えた」という意味になってしまうんだ。shockは他動詞で、「～にショック［衝撃（しょうげき）］を与える」という意味があるから、自分がショックを与（あた）える側になってしまう。上のI was shocked to hear that.で使われているshockedは「ショックを受けた」という意味の過去（かこ）分詞で、形容詞的に使われているんだ。be shocked to doで「～してショックを受ける」という意味になると覚えておこう。

be shocked to doのような、「～して○○だ」という使い方ができるものを、あと２つ紹介（しょうかい）しておこう。

・be surprised to do（～して驚（おどろ）く）

I was surprised to hear that.（それを聞いて驚きました）

・be relieved to do（～してホッとする）

I was relieved to hear that.（それを聞いてホッとしました）

---

shocked/surprised/relievedはもともと「過去分詞」だけど、上の文では形容詞的に使われているの。だから、文型としてはSVCと考えてOKだよ。

ここまでは、Ｖ（動詞）がbe動詞ばかりだったけど、lookやseemといった一般動詞がきても、同じ使い方ができるんだよ。

「えっ、でもlookって、『見る』という意味じゃなかったっけ？　be動詞とは全然違うイメージだけど」

　たしかに、みんながよく知っているのは、「見る」という意味だね。でも、lookには「見る」以外に、《look＋形容詞》の形で「（様子・外見から判断して）〜に見える」という意味があるんだ。

S	V	C	
She	looked	happy.	（彼女はうれしそうに見えた）
		形容詞	

この文に不定詞を加えると、次のようになる。

S	V	C	（副詞句）
She	looked	happy	to hear that.
		形容詞	不定詞＋語句

修飾

（彼女はそれを聞いてうれしそうに見えた）

> seemというlookと同じように使える動詞があるよ。少しだけ違いがあって、「（話し手の主観で）〜のように思われる、見える」という意味合いだよ。

(B)「人の性質」を表す形容詞を修飾する不定詞

　不定詞が「感情を表す形容詞」をうしろから修飾するように、「人の性質を表す形容詞」も同様の形を取ることができるんだ。

　次の文を見てみよう。

S　　V　　C　　　　　（副詞句）

She　was　brave　to tell the truth.

形容詞　　　不定詞＋語句

修飾

（真実を告げるとは、彼女は勇敢だった）

　ここでの不定詞 to tell the truth は副詞句として、brave という形容詞を修飾しているんだ。She was brave.（彼女は勇敢だった）だけでも、文としてはSVC文型が成り立っているけど、副詞句 to tell the truth を付け加えることで、「なぜ彼女が勇敢だと思ったのか」、その《判断の根拠》を明らかにしているわけなんだ。「人の性質を表す形容詞」も、「**人の性質を表す形容詞＋不定詞**」の形でいろいろな表現ができるんだよ。

　　「人の性質を表す形容詞か。brave 以外にはどんなものがあるの？」

　普段の日本語の会話を思い出してごらん。「～は優しい！（＝kind）」「～は頭いい！（＝smart）」など、私たちは生活の中でさりげなく「人の性質」を言っているよ。

▶目で見て理解「人の性質を表す形容詞」も参照しよう（→p.209）

⑤不定詞が「副詞」を修飾する

次は、不定詞がほかの「副詞」を修飾するケースを見ていこう。

修飾

では、ケロに質問！ enoughって単語は、どんな意味か知ってるかな？ enough timeや、enough moneyのように使われるよ。

「『いっぱい』じゃないかな？」

おしい！ enoughは「（必要を満たすのに）十分な」という形容詞としての意味や、「十分に」という副詞としての意味があるよ。次の文を見てみよう。

We have enough time. （私たちには十分な時間がある）

I ate enough. （私は十分に食べた）

副詞が形容詞を修飾するときは前から修飾していたけれど、enoughが副詞として、ほかの形容詞を修飾するときは、直前ではなくて直後に置くというルールがあるんだ。

　例えば、「十分に賢い」だと、enough smartではなく、smart enoughという語順になるんだよ。

✕　**enough smart**
　　　副詞　　形容詞

◯　**smart enough**　　（十分に賢い）
　　　形容詞　　副詞

修飾

　very smart（とても賢い）のように、一般的に副詞は前から形容詞を修飾するけれども、enoughは例外だから注意しよう。

　では、この副詞enoughを不定詞が修飾するケースを見てみよう。

　S　　V　　C
　　　　　　　　　　　　　　（副詞句）

Kero　is　old　enough to study abroad.
　　　　　　　形容詞　　副詞　　　不定詞＋語句

修飾　　　　　修飾

（ケロは留学するのに十分な年齢だ）

> enoughは修飾する形容詞のうしろに置くから、enough oldとは言えないよ。

　この文は、Kero is old.（ケロは年をとっている）というSVC文型のCである形容詞oldを、副詞enoughがうしろから修飾しているんだ。そして、意味を前から見ていくと、「ケロは年をとっている／十分に／留学するのに」となっているね。つまり、「留学するのに十分な年齢だ」という意味なんだ。不定詞to study abroadは副詞句として、前の副詞enoughを修飾しているんだよ。

⑥不定詞が「文全体」を修飾する

不定詞が副詞句として文全体を修飾することもあるんだ。

```
┌──────────┐            ┌────────────────────┐
│  不定詞   │  ───────▶  │      文全体          │
└──────────┘            └────────────────────┘
                修飾
```

このパターンは、「**独立不定詞**」と呼ばれていて、慣用句のような定番表現なんだ。だから、決まり文句として、少しずつ覚えていくのがオススメだよ。

 「『独立不定詞』って難しそうな名前がついているけど、何から独立しているの？」

この文の核となる部分から独立しているんだよ。次の文を見てみよう。

（副詞句）

To be honest, I don't like swimming.

不定詞＋語句

文全体を修飾

（正直なところ、私は泳ぐのが好きじゃないの）　　　　　　　＊honest「正直な」

この文で核となるのはI don't like swimming.の部分で、前にある
to be honest（正直なところ、正直に言って）の部分が独立不定詞
なんだ。不定詞to be honestは**カンマ**で区切られていて、まるで独
立しているようだよね。この不定詞は副詞句として、前から文全体を
修飾しているんだよ。

 「この不定詞は『～するために』という《目的》の意味じゃないんだ？
to be honestは『正直であるために』なのかと思ったよ」

たしかに、不定詞が動詞を修飾する例文では、次のように副詞用法の《目的》の意味で使われていたよね（→p.195）。

To be a professional player, you need to practice more.

（プロの選手になるために、あなたはもっと練習する必要があります）

だけど、この独立不定詞は名詞・形容詞・副詞用法のどれでもないから、「～するために」と訳すと、おかしなことになってしまうんだ。あくまでも慣用句として覚えておこう。

例　独立不定詞

・to begin with（初めに、まず第一に）

To begin with, I'll explain why I started my own business.

（初めに、なぜ自分の事業を始めたのか、ご説明します）

・to be frank with you（率直に言って、はっきり言って）

To be frank with you, you should study harder.

（率直に言って、もっと一生懸命勉強すべきですよ）

＊frank「率直な」

・to make matters worse（さらに悪いことには）

The man was injured in a car accident. To make matters worse, he didn't have any insurance.

（その男性は交通事故で負傷した。さらに悪いことには、彼は保険に入っていなかった）

・to tell the truth（実を言うと、本当のことを言うと）

To tell the truth, I was disappointed.

（実はね、私はがっかりしたんだよ）

＊truth「真実」

⑦副詞句になる「前置詞＋名詞」

これまで副詞句になる「不定詞」について学んできたけど、このほかに「前置詞＋名詞」も副詞句として働くんだ。

前置詞は on や in などのことで、名詞の前に置くことばだったね。(→p.48)

では、「前置詞＋名詞」が副詞句になっているケースについて見ていこう。

（A）動詞を修飾する

in the pondのように、前置詞は**名詞**の前に置いて、セットで使うものだったね。この文では、「前置詞＋名詞」のin the pondが**副詞句**として、動詞swimを修飾しているんだよ。

「あれっ？　ちょっと待って。『前置詞＋名詞』って、形容詞句にもならなかったっけ？」

それは、次のような文のときだね。

S （形容詞句） V C

The frog in the pond is green. （池にいるあのカエルは緑色だ）

前置詞＋名詞

修飾

「前置詞＋名詞」はいつも副詞句として動詞を修飾するわけではないんだ。上の文のように**形容詞句**として、直前の名詞 frog を修飾することもあるんだよ（→p.182）。

さて、副詞句は副詞と同等の役割をする句だから、副詞が「形容詞」やほかの「副詞」、はたまた「文全体」を修飾できたように、副詞句も同じ役割を担えるんだよ。

(B) 形容詞を修飾する

S V C （副詞句）

I am afraid of snakes. （僕はヘビが怖いよ）

形容詞　前置詞＋名詞

修飾

S V C （副詞句）

I am interested in music. （僕は音楽に関心がある）

形容詞　前置詞＋名詞

修飾

上の２つの文では、「前置詞＋名詞」が副詞句となって、直前の形容詞を修飾しているよ。

be afraid of ...（～が怖い）や be interested in ...（～に関心がある）のように、一つのかたまりで覚えておいたほうが便利だけど、文の構造も理解しておけば鬼に金棒だよ！

(C) 副詞を修飾する

　副詞が「ほかの副詞」を修飾するように、副詞句も「ほかの副詞」を修飾することがあるよ。次の文を見てみよう。副詞句が直前の副詞を修飾しているよ。

```
      S    V    O
    ┌─┐ ┌──┐ ┌─┐          （副詞句）
    She called me late at night.     （彼女は夜遅くに私に電話をしてきた）
                    ┌──┐ ┌──────┐
                    副詞  前置詞＋名詞
                      ↖───────┘
                        修飾
```

```
      S     V
    ┌┐ ┌─────┐                    （副詞句）
    It happens everywhere around the world.
                 ┌────────┐      ┌──────────┐
                 副詞           前置詞＋名詞
                    ↖──────────────┘
                          修飾
```

（そのことは世界中どこでも起きている）

(D) 文全体を修飾する

　以前、Surprisingly, no one was hurt.（驚くべきことに、誰もけがをしなかった）という文を学んだのを覚えているかな？　副詞 surprisingly が文全体を修飾していたね（→p.122）。「前置詞＋名詞」からなる副詞句も、同じように文全体を修飾することがあるんだよ。

```
                    S    V    O
    （副詞句）       ┌┐ ┌────┐ ┌┐
    To my surprise, he ignored me.
    ┌──────────┐         ┌──────┐
    前置詞＋名詞          文全体
        └───────────────────↗
                 修飾
```

（驚いたことに、彼は私を無視したのです）

Look 目 で 見 て 理 解

不定詞とよく一緒に使われる『感情』を表す形容詞

happy
幸せな
うれしい

sorry
残念な、
申し訳なく思う

sad
悲しい

angry
怒って

shocked
ショックを受けて

excited
ワクワクして

relieved
ほっとして

surprised
驚いて

disappointed
がっかりして

worried
心配して

「形容詞＋to do」で「～して…だ」という《感情の原因》を表す意味になるよ。excited や surprised は動詞に -ed 形がついた、いわゆる過去分詞。過去分詞は形容詞のように使われることがよくあるんだったね（→p.198）。

不定詞とよく一緒に使われる『人の性質』を表す形容詞

kind
親切な

brave
勇敢な

smart
賢い、利口な

polite
礼儀正しい

stupid
愚かな

rude
無礼な

「形容詞＋to do」で「《判断の根拠》〜するとは…だ」という意味になるよ。

第2章 「句」 確認問題

下線部は、名詞句・形容詞句・副詞句のいずれかです。空欄に書き入れましょう。

1. Kero enjoyed <u>watching a movie</u> with his friend. (　　　) 句

2. The girl <u>wearing the pink dress</u> is my niece. (　　　) 句

3. I decided <u>to study</u> in Scotland. (　　　) 句

4. Kero sliced cheese <u>with a knife</u>. (　　　) 句

5. She went to Paris <u>to study art</u>. (　　　) 句

6. He is a student <u>from Italy</u>. (　　　) 句

7. <u>To be honest</u>, I don't like noodles very much. (　　　) 句

8. Do you know <u>how to fix this</u>? (　　　) 句

9. Kero suddenly began to sing <u>in English</u>. (　　　) 句

10. She got a scholarship <u>offered by the government</u>. (　　　) 句

訳と解答

1. ケロは友達と映画鑑賞を楽しみました。（名詞）句

   SVOの文。動名詞 watching が語句（a movie）を伴って、動詞 enjoyed の目的語になっている。「動名詞」は名詞と同等の働きをする。したがって「名詞句」である。

2. ピンクのドレスを着たその女の子は、私の姪です。（形容詞）句

   SVCの文。現在分詞（-ing形）が語句（the pink dress）を伴って、うしろから名詞 girl を修飾している。名詞を修飾するのは「形容詞」の役割。したがって、現在分詞が導くかたまりは「形容詞句」である。

3. 私はスコットランドで学ぶ決心をしました。（名詞）句

   SVOの文。不定詞 to study が動詞 decided の目的語になっている。この文の「不定詞」は名詞と同等の働きをしている。したがって「名詞句」である。

4. ケロはナイフでチーズを薄く切りました。（副詞）句

   SVOの文。with a knife（ナイフで）の部分は「前置詞＋名詞」のかたまりで、動詞 sliced を修飾している。動詞を修飾するのは「副詞」である。したがって「副詞句」である。

5. 彼女はアートを学ぶためにパリへ行きました。（副詞）句

   SVの文。to study art（アートを学ぶために）は不定詞の副詞的用法で「目的」を表し、動詞 went を修飾している。動詞を修飾するのは「副詞」である。したがって「副詞句」である。

6. 彼はイタリア出身の学生です。（形容詞）句

   SVCの文。「前置詞＋名詞」のかたまり from Italy がうしろから名詞 student を修飾している。名詞を修飾するのは「形容詞」の役割。したがって、形容詞句である。

7. 正直に言って、麺類があまり好きではないんです。（副詞）句

   SVOの文。to be honest（正直に言って）は「独立不定詞」として、うしろに続く文全体を修飾している。文全体を修飾するのは「副詞」の役割の一つ。したがって、「副詞句」である。

8. これをどう直すかご存知ですか。（名詞）句

   how to fix this（これの直し方）は《how ＋不定詞》の形で動詞 know の目的語になっている。《疑問詞＋不定詞》は「名詞句」となる。

9. ケロは唐突に英語で歌い始めました。（副詞）句

   SVOの文。in English（英語で）の部分は「前置詞＋名詞」のかたまりで、動詞 sing を修飾している。動詞を修飾するのは「副詞」である。したがって「副詞句」である。

10. 彼女は政府提供の奨学金を獲得しました。（形容詞）句

    SVOの文。過去分詞（-ed形）が語句（by the government）を伴って、うしろから名詞 scholarship を修飾している。名詞を修飾するのは「形容詞」の役割。したがって、過去分詞が導くかたまりは「形容詞句」である。

第 **3** 章

節

「節」とは、「S+Vを含む2語以上の意味
のかたまり」のことです。「名詞節」「形
容詞節」「副詞節」の3つを取り上げます。

名詞節 文 の 中 で 「that 節」や
「whether節」「if節」「疑問詞＋S+Vの
形をとる節」「関係代名詞whatを含む節」
がどのように名詞的に働くのか

形容詞節 文の中で「関係代名詞が導
く節」と「関係副詞が導く節」がどのよ
うに形容詞的に働くのか

副詞節 文の中で「接続詞が導く節」
がどのように副詞的に働くのか

Lesson 17

名詞節

このLessonでは、文の中で「名詞」と同じ働きをする「名詞節」について学んでいくよ。名詞節になるのは、that節、whether節、if節、「疑問詞＋S＋V」の形をとる節、関係代名詞whatを含む節などがあるんだ。それでは、それぞれ詳しく見ていくことにしよう。

 ①that節が名詞節になる

おなじみの単語「that」は、シンプルながら「代名詞」「形容詞」「副詞」「接続詞」という、4つの品詞として活躍する重要な単語だよ。そのなかで、「節」に深くかかわってくるのは「接続詞」としてのthatなんだ。

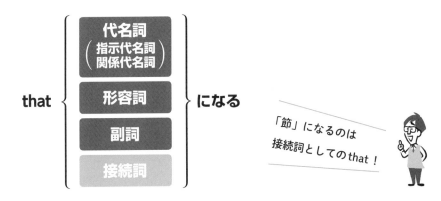

 「thatって、『あれ、それ』っていう意味じゃなかったっけ？」

たしかに、私たちに一番なじみがあるのは、What is that？（あれは何？）のように「あれ、それ」という意味で使うthatだね。でも、それは代名詞としてのthatなんだ。それ以外に、接続詞としてのthatもあるんだよ。

「thatもandやbecauseのような接続詞になるってこと!?」

　そうなんだ。接続詞のthatには「～ということ」という意味があって、うしろに「節」を導くんだよ。

「『節』を導く？」

　例えると、ガイド役の接続詞that君のうしろに「節」がついていくようなイメージだよ。

節

ガイド役の
that君

＊「節」＝S＋Vを含む、2語以上の意味のかたまり

「節」には、

❶名詞節　❷形容詞節　❸副詞節

があって、接続詞thatが導く節は❶の名詞節なんだ。名詞節は、文の中で「名詞」と同じ働きをする節のことだよ。

「『名詞』と同じ働きをするって、具体的にどういうこと？」

　名詞は、文の中でS（主語）、O（目的語）、C（補語）になったよね（→p.26）。つまり、「名詞節」は名詞と同じように、文の中でS、O、Cになることができるというわけなんだ。第2章で学んだ「名詞句」みたいだよね。「句」にはSVが含まれていないけれど、「節」にはSVが含まれるという違いがあるんだよ。

②O（目的語）になるthat節

S（主語）になるthat節から始めたいところだけど、少し難しいかもしれないから、まずは一番わかりやすいO（目的語）になるthat節から学んでいこう。

次の3つの文型のO（目的語）になるよ。

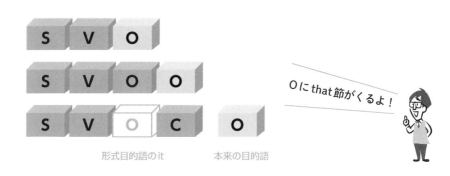

形式目的語のit　　　　　本来の目的語

Oにthat節がくるよ！

SVO文型

最初に、SVO文型のO（目的語）になるthat節のパターンから見ていこう。

次の文のthat節はどこかわかるかな？

I think that Kero is in Japan now.

（ケロは今、日本にいると思います）

 「節はSVを含んだ意味のかたまりだから、that Kero is in Japan now かな？」

その通り！　この文はSVO文型で、that節がO（目的語）になっているという構造だよ。that節の中に着目すると、Kero isというSVが含まれているね。

```
  S     V              O（名詞節）
┌─┐ ┌──┐ ┌──────────────────────────┐
```

I think **that** Kero is in Japan now.
　　　　　 that節

（ケロは今、日本にいると思います）

> ちなみに、接続詞thatは省略が可能で、I think Kero is in Japan now. と言うこともできるよ。

　SVO文型では、think以外にknow（～を知っている、わかっている）などの動詞でも、that節がO（目的語）になるんだ。

```
  S     V              O（名詞節）
┌─┐ ┌──┐ ┌──────────────────┐
```

I know **that** it's my fault.
　　　　　 that節

（それは自分のせいだってことはわかっています）

> I know him.（私は彼を知っている）だと、himという代名詞が目的語だよね。それと同じように、that節は一つの大きな目的語だと考えるといいよ。

　このようなthat節の文は、次のように前から区切って考えるとわかりやすいよ。

I think / **that** Kero is in Japan now.
（私は思う / ケロが今、日本にいるということ）

I know / **that** it's my fault.
（私は知っている / それが自分のせいだということ）

SVOO文型

　次に、SVOO文型の2番目のO（目的語）になるthat節のパターンを見ていこう。SVOOの文は、**O（人）＋O（モノ）** の順序<ruby>順序<rt>じゅんじょ</rt></ruby>に並<ruby>並<rt>なら</rt></ruby>べるルールがあったのを覚えているかな（→p.68）。that節は「モノ」に相当するから、2番目に置くんだよ。では、次の文を見てみよう。

```
  S      V    O         O（名詞節）
┌──┐ ┌──┐ ┌─┐ ┌──────────────────┐
Kero  told  us  that he plans to study abroad.
              └─────┘
              that節
```

（ケロは<ruby>留学<rt>りゅうがく</rt></ruby>する計画があることを<ruby>私<rt>わたし</rt></ruby>たちに伝えた）

　「told, plans, study!?　動詞がいっぱい出てきて、何がなにやら……」

　「節」を含<ruby>含<rt>ふく</rt></ruby>む文になると、動詞も一つだけじゃないし、文も長くなるから難<ruby>難<rt>むずか</rt></ruby>しい感じがするよね。でも、<ruby>構造<rt>こうぞう</rt></ruby>は次のようなシンプルなSVOOの文と<ruby>一緒<rt>いっしょ</rt></ruby>なんだよ。

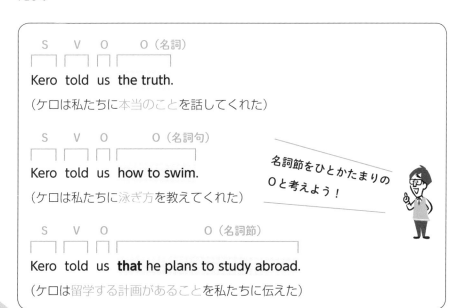

```
  S     V    O    O（名詞）
┌──┐┌──┐┌─┐┌─────┐
Kero  told  us  the truth.
```
（ケロは私たちに本当のことを話してくれた）

```
  S     V    O    O（名詞句）
┌──┐┌──┐┌─┐┌─────┐
Kero  told  us  how to swim.
```
（ケロは私たちに泳ぎ方を教えてくれた）

名詞節をひとかたまりのOと考えよう！

```
  S     V    O         O（名詞節）
┌──┐┌──┐┌─┐┌──────────────┐
Kero  told  us  that he plans to study abroad.
```
（ケロは留学する計画があることを私たちに伝えた）

SVOC文型

次に、SVOC文型のO（目的語）になるthat節について見ていこう。これは今までとは少し違って、Oの場所に**形式目的語のit**を置いて、うしろにthat節を続けるパターンだよ。次の文を見てみよう。

S　　　　V　　　　O　　C　　　　　　　本来のO（名詞節）

Kero has made **it** clear **that** he plans to study abroad.

that節

形式目的語it＝ that節 の内容を指す

（ケロは留学する計画があることを明らかにした）

> make it clear that ... で「～であることを明らかにする」という意味。SVOC文型ではO＝Cの関係が成り立つから、「it＝clear（明らかな）」ということだね。

 「そもそも、なんでitを挟み込む必要があるんだっけ？」

　形式目的語のitは、文が伝わりやすくするのに一役買っているんだよ。もし、上の文で形式目的語のitを使わなかったら、次の文のようになるよね。

S　　　　V　　　　　　　　　　O　　　　　　　　　　C

Kero has made **that** he plans to study abroad clear.

　これでは、O（目的語）が長くなってしまって、「make+O+C」という文の形やclearがC（補語）になることがわかりにくいよね。形式目的語itを挟み込み、本来のO（目的語）であるthat節をうしろに置くことで、スムーズに伝わるようにしているんだ。文全体をまず先に述べて、詳細をあとに述べるのは英語の特徴だったね（→p.174）。

　これも、次のようにthat節の前で一区切りつけて考えるとわかりやすいよ。

Kero has made **it** clear / **that** he plans to study abroad.

（ケロは明らかにした / 留学する計画があること）

---

③ C（補語）になるthat節

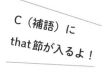 C（補語）に
that節が入るよ！

では、ここで問題！　次の文のthat節はどこかな？

The fact is that I made a huge mistake.
（実は、私は大きな間違いを犯したのです）

＊fact「事実」

 「that I made a huge mistakeのところかな？」

　その通り！　では、このthat節は文の中で、どんな要素かわかるかな？　V（動詞）にbe動詞のisがきているのがポイントだよ。be動詞はSVC文型で使われる動詞だったよね。

 「そうか！　ということは、このthat節はC（補語）だね」

　正解！　be動詞はS（主語）とC（補語）を結びつける役割があって、S（主語）＝C（補語）の関係が成り立つことを思い出そう（→p.63）。

　このThe fact is that ...のように、「名詞（S）＋be動詞（V）＋that節（O）...」の形をとる名詞はいろいろあるんだよ。

例 「名詞＋be動詞＋that節...」の形をとる名詞　＊いずれもthatは省略できる

・The fear is (that) ... (恐怖なのは〜です)

My fear is (that) I'll gain weight.

(私が恐れているのは、体重が増えることです)

> theでなく、my（私の）のような人称代名詞の所有格が名詞の前につくこともあるよ。

・The point is (that) ... (要は〜です)

My point is (that) you are not responsible for that.

(私が言いたいのは、その責任はあなたにはないということです)

・The problem is (that) ... (問題は〜です)

The problem is (that) we're running out of time.

(問題は、私たちにはもう時間がないということです)

・The reason is (that) ... (理由は〜です)

The main reason is (that) he's very smart.

(その主たる理由は、彼がとても賢いからです)　　　　＊ main「主要な」

・*One's* regret is (that) ... (後悔したのは〜です)

My biggest regret is that I wasn't there when she passed away.

(私の最大の後悔は、彼女が亡くなったときにそばにいなかったことです)

> biggest「最大の」は形容詞の最上級。
> big（原級）-bigger（比較級）-biggest（最上級）と変化するよ。

- **The rumor is (that) ...（うわさでは〜です）**

  The rumor is (that) they're looking for a new house.

  （うわさでは、彼<ruby>か</ruby>らは新しい家を探<ruby>さが</ruby>しているそうです）

- ***One's* suggestion is (that) ...（提案<ruby>ていあん</ruby>は〜です）**

  My suggestion is (that) you quit smoking.

  （私<ruby>わたし</ruby>の提案は、あなたがタバコをやめることです）

- **The solution is (that) ...（解決策<ruby>かいけつさく</ruby>は〜です）**

  The only solution is (that) they talk with each other.

  （唯一<ruby>ゆいいつ</ruby>の解決策は、彼らがお互<ruby>たが</ruby>いに話し合うことです）

- **The truth is (that) ...（実は〜です）**

  The truth is (that) she betrayed us.

  （実のところ、彼女<ruby>かのじょ</ruby>は私たちを裏切<ruby>うらぎ</ruby>ったのです）

④ S（主語）になる that 節

S（主語）に形式主語 it の形で that 節がくるよ！

```
┌───┬───────┬─────┐
│ S │   V   │  S  │
└───┴───────┴─────┘
形式主語の it        本来の主語
```

ケロ、次の文で that 節はどこにあるかな？

It is certain that Kero is in Japan now.

（ケロが今、日本にいるのは確_{たし}かだ）

「that Kero is in Japan now のところだよね？」

その通り！　では、この that 節は文の中で、S（主語）、O（目的語）、C（補語）のうち、どの役割_{やくわり}を果_はたしているだろう？

「うしろにきているから、O（目的語）かな？　あれ、この文、変じゃない？　It is certain.（それは確かだ）のところだけで、SVC で完結しちゃってるよね？　that 節は余りモノみたいに見える」

パッと見ると、そうだよね。実は、この文では、that Kero is in Japan now という名詞節が文における**本来の S（主語）**になっているんだ。

「えっ、本来の S（主語）？　that 節は文のうしろのほうにあるのに、S（主語）になるって、いったいどういうこと？」

たしかに S（主語）が文のうしろのほうにくるのは変な感じがするよね。実は、この文は「形式主語 it」を使った文で、It は that 以下の内容を指しているんだ。

```
 S  V    C              本来のS（名詞節）
┌─┐┌┐┌──────┐  ┌ ─ ─ ─ ─ ─ ─ ─ ─ ─ ─ ─ ─ ┐
```
It is certain **that** Kero is in Japan now.

形式主語it = that節の内容を指す　　　　　　that節

(ケロが今、日本にいるのは確<ruby>確<rt>たし</rt></ruby>かだ)

Lesson 14で「形式主語」について学んだね（→p.164）。忘<ruby>忘<rt>わす</rt></ruby>れていたらおさらいしてね。

 「そもそも、なんでitを主語に使うの？ 普通<ruby>普通<rt>ふつう</rt></ruby>にthat節を最初にもってきて、**That Kero is in Japan now** is certain. という文ではダメなの？」

　それだとS（主語）が長いし、どんな文であるのかも、パッと見てわかりにくいよね。そうならないように、S（主語）の部分にitを代わりに置いて、本来のS（主語）であるthat節をうしろに添<ruby>添<rt>そ</rt></ruby>えることで、スムーズに伝わるようにしているんだよ。このように、まず文全体を述<ruby>述<rt>の</rt></ruby>べて、詳細<ruby>詳細<rt>しょうさい</rt></ruby>をあとに述べるというのは英語の特徴<ruby>特徴<rt>とくちょう</rt></ruby>だったね。

　これもthat節の前で一区切りつけて考えるとわかりやすいよ。

It is certain / **that** Kero is in Japan now.

(確<ruby>確<rt>たし</rt></ruby>かなんだ / ケロが今、日本にいること)

形式主語のitは「それは」と訳<ruby>訳<rt>やく</rt></ruby>したりしないよ。

　ここまで、that節が名詞節として文の中で、S（主語）、C（補語）、O（目的語）になるケースを見てきたけど、少し難<ruby>難<rt>むずか</rt></ruby>しかったかな？

「『節』が入ると文が長くなるから、最初はすごく難しいと思ったけど、『名詞』と同じ役割の『かたまり』なんだとわかったら、なんだかシンプルに思えてきたよ！」

さすがケロ！　その調子で進んでいこう！

「名詞節になるthat節」のまとめ

・**主語になる**

It is certain **that** Kero is in Japan now. ←SVC文型（形式主語itを用いた形）

（ケロが今、日本にいるのは確かだ）

・**補語になる**

The fact is **that** I made a huge mistake. ←SVC文型

（実は、私は大きな間違いを犯したのです）

・**目的語になる**

I think **that** Kero is in Japan now. ←SVO文型

（ケロは今、日本にいると思います）

Kero told us **that** he plans to study abroad. ←SVOO文型

（ケロは留学する計画があることを私たちに伝えた）

Kero has made **it** clear **that** he plans to study abroad.

（ケロは留学する計画があることを明らかにした）
↑
SVOC文型（形式目的語itを用いた形）

⑤「同格(どうかく)」を表す that 節

これまで that 節が S（主語）、C（補語）、O（目的語）になるケースを見てきたね。ここでは、「同格」を表すという少し変わった使い方について学んでいこう。

 「同格？　レベルとか立場が同じってことかな？」

その通り。英語には「同格」を表す表現(ひょうげん)がいろいろあるんだ。ここでは「名詞＋名詞」の形で、前の名詞をうしろの名詞が補足説明(ほそく)する表現について見ていくよ。

「前の名詞」を補足説明

次の文を見てみよう。

```
      S                              V      O
┌───────────────────┐        ┌──┐  ┌──────┐
Kero,  a high school student,  likes  swimming.
   ↖_____
        「前の名詞」を補足説明
```

（ケロは高校生なんですが、泳ぐのが好きです）

Kero と a high school student（高校生）という名詞のかたまりが、カンマ（,）を間に挟(はさ)んで連続しているね。これは、Kero に a high school student を添(そ)えることで、「ケロ＝高校生である」と補足説明しているんだ。このような表現を「同格」というよ。

> 同格関係で表したい場合、上のように名詞同士を「名詞＋カンマ（,）＋名詞」
> の形で表現することがあるよ。

では、もう一つ。今度は少し違う例を見てみよう。

S   V

We humans can't live forever.
                           副詞

「前の（代）名詞」を補足説明

（われわれ人間は、永遠には生きられない）

これはカンマを使わないパターンだよ。このように「代名詞＋名詞」のパターンもあるんだ。いずれにせよ、うしろの名詞（相当語句）が直前の名詞を補足説明している点は同じだよ。

さて、同格の基本的なルールを学んだところで、いよいよ「名詞と同格になるthat節」について見ていこう。

「前の名詞」を補足説明

次の文を見てみよう。この文のthat節はどこかわかるかな？

I'm surprised at the news that he won the game.
（彼が試合に勝ったという知らせに驚いています）

 「that he won the gameのところだよね！」

その通り。では、この文の構造を詳しく見てみよう。

S V   C　　　　　　　　前の名詞 (the news) を補足説明

I'm surprised at **the news** **that** he won the game.

（彼が試合に勝ったという知らせに驚いています）

＊ *be* surprised at ... 「〜に驚く」

the news that he won the gameのところに着目しよう。that節の前にthe news（その知らせ）という名詞があるね。

 「うん、the newsとthat節が並んでいるね！」

これは、うしろのthat節が前の名詞the newsを補足説明している関係性なんだ。「同格」のthatは、次のように「〜という」と訳すとわかりやすいよ。

---

the news / **that** he won the game

（その知らせ / 彼が試合に勝ったという）

 「あれ？ Kero, a high school student (→p.226) のときはカンマが使われていたけど、このnewsとthatの間にはカンマはないよ？」

「名詞＋that節」の間に、カンマは必要ないんだ。ただし、名詞の前にはtheがつくことが多いよ。だから、the newsとなっているわけだね。

名詞とthat節（＝名詞節）を並べた形で同格を表す場合、ほかに次のような名詞が使われるよ。

例 「同格」のthat節をとる名詞

・conclusion（結論）

I've come to **the conclusion that** it's impossible to please everybody.

（すべての人を満足させるのは不可能だという結論に達しました）

> itは、「形式主語のit」。このitは不定詞（to please everybody）を指しているよ。

・decision（決心）

I've just made **the decision that** I'm going to study computer science.

（コンピューターサイエンスを学ぼうという決心をしたところです）

・fact（事実）

I was shocked at **the fact that** she left the country without saying anything.

（彼女が何も言わずに出国したという事実にショックを受けた）

> without sayingは、「前置詞without＋動名詞」の形になっているよ。

・feeling（感情、気持ち）

I sometimes get **the feeling that** I don't belong anywhere.

（ときどき自分の居場所がないような気持ちになります）

　名詞節が入ると文が長くなるから、このような「名詞とthat節の同格関係」を見抜くのは難しいかもしれないね。でも、「名詞＋名詞」のときと文の構造は一緒だということを忘れないでおこう。

⑥ 「疑問詞＋S＋V」が名詞節になる

　次に、「疑問詞＋S（主語）＋V（動詞）」が名詞節になるパターンについて学んでいこう。「疑問詞」と聞くと、ジョーはどんな単語を思い浮かべる？

「疑問詞？　う〜ん、どんなものだっけ？」

　What's this?（これは何ですか？）やWhere is he?（彼<ruby>彼<rt>かれ</rt></ruby>はどこにいるの？）などの文で使う、whatやwhereなどのことだよ。第2章でもでてきたよね。

「ああ、それが疑問詞か。それだったら、少し知ってるよ。疑問文の始まりで使うよね」

　代表的な疑問詞はwho（誰<ruby>誰<rt>だれ</rt></ruby>）、what（何）、where（どこ）、when（いつ）、why（なぜ）、how（どうやって）で、それぞれの頭文字をとって5W1Hと呼<ruby>呼<rt>よ</rt></ruby>ばれているんだったね。ジョーの言ったように、疑問詞を疑問文の文頭で使うケースはなじみがあると思うけど、疑問詞の使い方はそれだけではないんだ。「疑問詞＋S＋V」の形で、「名詞節」として動詞のO（目的語）にもなるんだよ。

《疑問文に出てくる疑問詞》
When will the new series start?
（いつ新シリーズが始まるのですか？）

《名詞節としての「疑問詞＋S＋V」》
I don't know when the new series will start.
（いつ新シリーズが始まるのか、私<ruby>私<rt>わたし</rt></ruby>は知りません）

「あれ？　2番目の文はクエスチョンマーク（?）じゃなくて、ピリオド（.）で終わっているね。それに、whenのあとの単語の並<ruby>並<rt>なら</rt></ruby>び方も違<ruby>違<rt>ちが</rt></ruby>うよ？」

疑問詞が含（ふく）まれているから、疑問文と思ったんだね。でも、この文はI don't know ...（私は〜を知らない）という否定文に「疑問詞＋S＋V」という名詞節が含まれているだけなんだ。このような文は「間接疑問文（かんせつ）」と呼ばれているよ。

 「そもそも、何で『間接疑問文』って言うんだろう？」

実は、What's this? のように、疑問詞を文頭で使って相手にズバリ尋（たず）ねる疑問文は「直接疑問文（ちょくせつ）」と呼ばれているんだ。一方で「間接疑問文」は、文の一部に「疑問を表す節」、つまり、疑問文の形が間接的に組み込（こ）まれているもののことなんだよ。

では、文の構造（こうぞう）を比（くら）べてみよう。

《直接疑問文》

```
                    S              V
                 ┌──────────┐  ┌──────┐
When will  the new series  start?
```
疑問詞　助動詞

《間接疑問文》

```
 S    V              O（名詞節）
┌┐ ┌────┐  ┌──────────────────────┐
I  don't know  when the new series will start.
```
疑問詞 when ＋ S ＋ V

この間接疑問文の構造は、疑問詞whenに導（みちび）かれた節が名詞節として、V（動詞）であるknowのO（目的語）になっているんだ。疑問詞を使った節を文の中に含めるときは、「疑問詞＋S＋V」という語順になるのがルールなんだよ。

「疑問詞＋S＋V」は上のようなSVO文型のOだけでなく、SVOO文型の2番目のOでも使われることがあるよ。

S   V   O   O（名詞節）

Her book　tells　you　how you can save money.

疑問詞 how ＋ S ＋ V

（彼女（かのじょ）の本はどうやって節約するかを教えてくれます）

　なお、「疑問詞＋S＋V」の名詞節は、O（目的語）だけでなく、S（主語）や
C（補語）になることもあるよ。

S（主語）になる

S（名詞節）　　　　　　　V　　　　C

When he was born　is　still　a mystery.

疑問詞 when ＋ S ＋ V　　　　　副詞

（彼（かれ）がいつ生まれたかは謎（なぞ）のままだ）

C（補語）になる

S　　　　V　　　　C（名詞節）

The question　is　**what** we should do next.

疑問詞 what ＋ S ＋ V

（問題は私（わたし）たちが次に何をすべきかということだ）

SやCにも
「疑問詞＋S＋V」がくるよ！

⑦ whether 節が名詞節になる

次に、5W1Hに含まれる疑問詞ではないけれど、間接疑問文でよく使われる**接続詞のwhether**について見ていこう。

①〜⑤では接続詞thatが名詞節を導くパターーンを見てきたけど、名詞節を導く接続詞はほかにもあるんだ。その一つが**whether**だよ。

「whether？ 天気のこと？」

「天気」はweatherだね。発音は同じだけど、つづりも意味も違うから注意してね。

thatは「接続詞」以外に「代名詞」や「関係代名詞」としての役割もあったけれど、このwhetherは接続詞として使うだけ。だから、thatよりもシンプル！ whetherは、**whether A (or not)「Aかどうか」**という意味で、うしろに名詞節を導くんだよ。

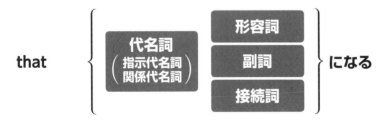

whetherは
接続詞として使うだけ！

whetherが導く名詞節は、文の中で、S（主語）C（補語）O（目的語）になるほかに、**名詞の同格**になるという役割を担っているんだ。

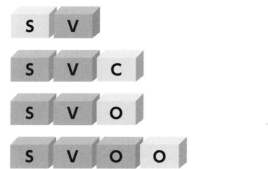

色のついたところに
whether節がくるよ！

「へえ、接続詞thatと、役割が似ているんだね」

いいポイントに気がついたね！　thatと完全に同じとは言えないけれど、役割はかなり似ているんだ。whether節をS（主語）として使う用法は少し難しいから、まずは、C（補語）になるwhether節から学んでいくことにしよう。

天気を意味するweatherと
間違わないようにね！

⑧ C（補語）になる whether 節

では、SVCのC（補語）になる whether 節について学んでいこう。

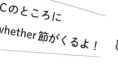

Cのところに
whether 節がくるよ！

次の文を見てみよう。

S	V	C（名詞節）

The question is whether there's a market for this game.

whether 節

（問題は、このゲームに市場があるかどうかということです）

 「とっても長いけど、この whether 節が C（補語）になっているんだね」

その通り。SVC 文型は C（補語）に1つの単語が置かれる場合もあれば、whether 節がくることもあるんだ。

S	V	C

The question is difficult.　（その問題は難しい）

形

S	V	C（名詞節）

The question is whether there's a market for this game.

whether 節

文の構造は同じだね。

ちなみに、SVCのS（主語）にくる名詞はある程度決まっていて、The **point** is whether …（要は〜かどうかだ）や The **issue** is whether …（問題は〜かどうかだ）のような名詞がよく使われるんだ。これも that 節のときと似ているよ。

⑨ O（目的語）になる whether 節

whether 節は、SVO 文型と SVOO 文型の O（目的語）になることもあるよ。SVOO 文型は、O（人）＋O（モノ）の順序に並べるルールがあったよね（→p.68 Lesson 10）。whether 節は「モノ」に相当するから、2 番目の O の場所にくるよ。

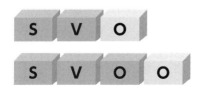

色のついたところに whether 節がくるよ！

まず、SVO 文型で使われる whether 節を見ていこう。次の文を見てごらん。

SVO 文型

| S | V | O（名詞節） |

I'm considering **whether** I should apply to an MA program.

whether 節

（修士課程に出願すべきか検討しているところです）

＊apply to ... 「～に出願する」

「目的語が長～い！」

節は S ＋ V を含む 2 語以上の意味のかたまりだから、名詞節が O（目的語）になると、どうしても長くなってしまうんだ。O（目的語）がどこからどこまでなのかをしっかり見極めることが大切だよ。

では次に、whether 節が SVOO 文型の 2 番目の O になるケースを見てみよう。

SVOO 文型

```
     S        V      O(人)      O(モノ)（名詞節）
   Kero    asked    me     whether I was OK.
                                    whether節
```

（ケロは私が大丈夫かどうか尋ねた）

　これも「名詞節」が O（目的語）だから、少し難しく感じるかもしれないけど、文の構造は「名詞」や「名詞句」のときと一緒だと考えればわかりやすいはずだよ。

【語・句・節を比べてみよう】

語　I'm considering it.

　　（私はそれについて検討しています）

句　I'm considering applying to an MA program.

　　（私は修士課程に出願することを検討しています）

節　I'm considering **whether** I should apply to an MA program.

　　（修士課程に出願すべきか検討しているところです）

> applying to an MA programの部分は、「動名詞（＝動詞の ing形）＋語句」だね。

語　Kero asked me questions.　　　　（ケロは私に質問した）

句　Kero asked me how to cook it.

　　　　　　　（ケロは私にそれの料理の仕方を尋ねた）

節　Kero asked me **whether** I was OK.

　　　　　　　（ケロは私が大丈夫かどうか尋ねた）

⑩ S（主語）になる whether 節

さて、次に「主語」になる whether 節について見ていこう。

S　V

Sのところに
whether 節がくるよ！

次の文を見てみよう。

S（名詞節）　　　　　　　　　V

Whether it's true **or not**　doesn't matter.
whether 節

（それが本当かどうかは重要じゃない）

＊ or not の部分はないこともある。

「not doesn't って、『not does not』だよね？　not が続いてるけど、これでもOKなの？」

　Whether it's true or not の部分がひとかたまりの「名詞節」としてS（主語）になっているからOKなんだ。だけど、このままだと主語が長くてちょっと伝わりづらいよね。not が続いて変な感じがしたのも、主語と動詞の区切りがわかりにくいからともいえるね。

　こういうときこそ、**形式主語 it** の出番！　主語の代わりに形式主語 it を置いて、whether 節をうしろに置くことで、伝わりやすい文にすることができるんだよ。では、上の文を形式主語で書き換えた文を見てみよう。

形式主語it ＝ whether以下の内容を指す

S　　　　V　　　　　　　本来のS（名詞節）

It doesn't matter **whether** it's true or not.

形式主語it　　　　　　　　　whether節をうしろに置く

that節について学んだときも、It is certain that Kero is in Japan now.
という、「形式主語it」を使った文が出てきていたよね（→p.223）。

　文全体を先に述べて、詳細をあとで述べるというのは、英語の特徴でもあった
ね。次のように、whether節の前で一区切りついていると考えるとわかりやす
いよ。

It doesn't matter / **whether** it's true or not.

（重要ではない/ それが本当かどうかということは）

⑪「同格<ruby>同格<rt>どうかく</rt></ruby>」を表す whether 節

「名詞＋名詞節」の形で同格表現になるのは that 節（→p.226）だけではないんだ。whether 節も同じように同格の形をとり、前にある名詞を補足<ruby>補足<rt>ほそく</rt></ruby>説明することができるんだよ。

「前の名詞」を補足説明

次の文を見てみよう。

名詞 question を whether 節がうしろから補足説明

```
        S    V    本来のS              （名詞節）
There  is  a question  whether Daylight Saving Time is effective.
                       whether節
```

（サマータイムは効果的<ruby>効果<rt>こうか</rt></ruby>なのかどうか、という疑問があります）

> There is[are] …（〜がある）は、文法上は SV 文型に分類<ruby>分類<rt>ぶんるい</rt></ruby>されるよ。文頭の there は副詞だけど、形式的な主語になっているんだ。この構文<ruby>構文<rt>こうぶん</rt></ruby>が使われるときは there に「そこに」という意味はないから注意。「サマータイム」は英語では Daylight Saving Time と言うよ。

There is a question（疑問があります）と述<ruby>述<rt>の</rt></ruby>べたあとで、どんな question（疑問）なのかを whether 節で補足説明しているわけだね。

ちなみに、主語が長くなりすぎることを避(さ)けるために、次のようにwhether節がうしろに置かれることもあるんだよ。

名詞decisionをwhether節がうしろから補足説明

```
         S          V     C
     ┌────────┐  ┌─┐ ┌─────┐          （名詞節）
The decision  is  yours  whether you have surgery.
                                    └── whether節 ──┘
```

（手術(しゅじゅつ)をするかどうかの決定はあなた次第です）

＊ surgery「手術」

　この文では、whether節は直前のyoursではなくて、S（主語）のthe decisionと同格なんだ。このように修飾(しゅうしょく)を受ける語句が離(はな)れる場合もあるから注意してね。

「名詞＋that節」だけでなく、「名詞＋whether節」も同格を表すことがあるんだね！

⑫ if節がO（目的語）になる

　ここまで「～かどうか」という意味で名詞節を導くwhether節について ひと通り学んできたね。実は、このwhether節と姉妹のように似た形をとるif節というものがあるんだ。

　ジョーは、ifという単語を知っているかな？

　「イフ？　聞いたことがあるような、ないような」

　ifは「もし～ならば」という「条件」を表す使い方が 基本だよ。そのほかに「仮定法」という使い方もあるん だ。事実に反することを「もし～なら、…なのになあ」 のように「仮定」する使い方だよ。さらに、ifにはもう 一つ別の顔もあって、「～かどうか」という意味もある んだよ。

　「えっ、それって、whetherと同じ意味じゃないか！」

　そう、同じ意味をもっているんだよ。実は、次の文のようにO（目的語）とな る場合は、if節とwhether節のどちらでも使えるんだ。

```
 S    V   （人）              （モノ）
            O                O（名詞節）
I'll ask her if [whether] the deadline can be extended.
                            if/whether節
```

（締め切りが延長できるかどうか、彼女に尋ねてみます）

＊動詞extend「～を延長する」

ask以外に、knowやseeといった動詞の目的語になることもあるよ。

S　　　V　　　　　　　O（名詞節）

I don't know **if [whether]** it's true.

if/whether節

（それが本当かどうか、私にはわかりません）

S　　V　　　　　　　　　O（名詞節）

We'll see **if [whether]** he can handle the pressure.

if/whether節

（彼がそのプレッシャーに対処できるかどうか、見てみましょう）

　ただし、同じ意味だからといって、いつでもifとwhetherを入れ替えられるというわけではないんだ。次のような基本的なルールがあるんだよ。

・**S（主語）になるwhether節はif節では代用できない。**

Whether［× If］he comes (or not) will depend on his schedule.

＝ It will depend on his schedule **whether** [if] he comes (or not).

（彼が来るかどうかは、彼のスケジュール次第だ）

> 文頭のitは「形式主語」で、whether [if] 節の内容を示しているよ。
> 形式主語itを用いたときは、if節も使える点に注意してね。

・**SVCのC（補語）の場所にくるwhether節はif節では代用できない。**

The question is **whether**［× if］there's a market for this game.

（問題は、このゲームに市場があるかどうかということです）

- **前置詞のうしろにくるwhether節をif節では代用できない。**

I'm worried about **whether** ［×if］ I can get my money back.

（お金を返してもらえるのかどうか、心配です）

- **同格表現「名詞＋whether節」をif節で代用できない。**

There's a question **whether** ［×if］ Daylight Saving Time is effective.

（サマータイムは効果的なのかどうか、という疑問があります）

- **「whether or not」を「if or not」とは言えない。**

We don't know **whether** ［×if］ or not he's alive.

（彼が生きているかどうか、私たちにはわからないのです）

 「whetherに比べて、ifはずいぶんと制約があるんだね」

　そうだね。ひとまず、動詞の目的語になる場合、if節とwhether節はどちらでも使えることだけは覚えておこう。

ifにはいろいろな使い方があるんだね！

⑬関係代名詞 what 節が名詞節になる

　関係代名詞としての what について学ぶ前に、関係代名詞の基本をおさらいしておこう。そもそもだけど、ケロは「関係代名詞」って聞いたことある？

「うん、たしか who とか which とかのことだよね？　でも、どんなふうに使うのかは、イマイチわからないや」

　例えば、

> I have a friend. （私には友達がいます）
> She lives in Taiwan. （彼女は台湾に住んでいる）

　この2つの文を、「私には台湾に住んでいる友達がいます」という1つの文にしたいときに大活躍するのが関係代名詞なんだ。

「2つの文をつなげる？　I have a friend <u>and</u> she lives in Taiwan. みたいに接続詞 and でつなげたらダメなの？」

　それでもいいんだけれど、friend と she は同じ人物を指しているから、情報が重複しているよね。

同じ人物を指している
┌──(＝)──┐
I have a friend and she lives in Taiwan.

　関係代名詞を使えば、このような重複をせずに伝えることができるんだよ。では、先ほどの文を1つにして、「私には台湾に住んでいる友達がいます」という文にしてみよう。

まず、「台湾に住んでいる友達」は、関係代名詞を使うと次のようになるよ。

前から名詞「友達」を修飾

《日本語》 台湾に住んでいる　友達

うしろから名詞 friend を修飾

《英語》 a friend **who** lives in Taiwan
　　　　（友達）　　（台湾に住んでいる）

 「関係代名詞を使う場合、修飾の仕方が日本語とは逆になるんだね！」

　その通り！　who lives in Taiwan（台湾に住んでいる）の部分が、うしろから名詞 friend を修飾しているんだ。それでは、次に文全体を英語に言い換えてみよう。

修飾

S　V　　O（名）

I have a friend **who** lives in Taiwan.

先行詞　　　　関係代名詞 who に導かれた節

（私には台湾に住んでいる友達がいます）

　who や which などの関係代名詞は、「先行詞」と呼ばれる名詞をうしろから修飾する役割を担っていて、そうした関係代名詞が導く節は形容詞的な役割を果たしているんだ。

> 関係詞節に修飾される名詞は「先行詞」と呼ばれているよ。関係詞が形容詞節として修飾する用例については Lesson 18（→ p.258）を見てね。

ちなみに、このwhoが導く節「**who** lives in Taiwan」の中で、whoはS（主語）に相当しているので、「主格の関係代名詞」と呼ばれているんだよ。

who lives in Taiwan

　また、このようにS（主語）に相当するときで、friendのような「人」が先行詞の場合はwhoが使われ、次のように「モノ」が先行詞の場合はthatかwhichが使われるんだ。

修飾

She has a farm **that** [which] produces apples.

先行詞　　　関係代名詞that [which] に導かれた節

（彼女はリンゴを生産する農園を持っている）

関係代名詞の種類については、下の表を参照してね。

先行詞	主格	目的格	所有格
人	who	whom	whose
モノ	which	which	whose
人やモノどちらでも	that	that	-------

さて、関係代名詞の基本をおさらいしたところで、関係代名詞whatについて学んでいこう。

whatには「何？」という「疑問詞」としての役割のほかに、「関係代名詞」としての役割があるんだ。

さっき学んだI have a friend **who** lives in Taiwan. という例文を思い出してみよう。関係代名詞whoは、前に修飾する対象となる「先行詞（ここではfriend）」が必要だったね。

でも、ここで学ぶ関係代名詞のwhatは**「先行詞が必要ない」**という特徴があるんだ。また、関係代名詞whatが導く節は「名詞節」になるということも大切なポイントだよ。これが同じ関係代名詞のwhoやwhichが導く節と大きく違うところなんだ。

> whatは「～するもの、～すること」という意味だよ。関係代名詞
> what＝「the thing(s)＋which」だと考えておけばOKだよ。

「名詞節ということは、文の中でS（主語）、C（補語）、O（目的語）になるってことだね！」

その通り！　つまり、名詞と同様に、次の場所にくることができるんだよ。

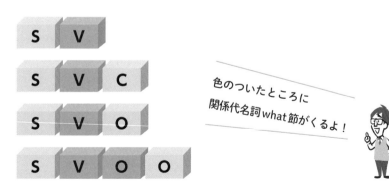

色のついたところに
関係代名詞what節がくるよ！

⑭関係代名詞 what 節が O（目的語）になる

　では、関係代名詞 what が導く節が文の中でどのように機能（きのう）しているか、ひとつひとつ見ていこう。S（主語）になる用法は少し難（むずか）しいから、わかりやすい O（目的語）になるケースから見ていくよ。

O のところに
関係代名詞 what 節がくるよ！

　次の文を見てみよう。

```
 S   V      O（名詞節）
┌┐ ┌─┐ ┌──────────┐
I  got  what I had wanted.
        └──────────┘
        what が導く節
```

（欲（ほ）しかったものを手に入れた）

　「動詞のすぐうしろに、what があるね。パッと見たら、目的語に見えないなぁ」

　O（目的語）に what が導く節がくると、急に難しい文に見えてしまうかもしれないね。でも、I got them.（それらを手に入れた）や I got the chance to visit Dubai.（ドバイを訪（おとず）れるチャンスを得（え）た）のような文と一緒（いっしょ）で、どれも SVO 文型の文なんだよ。

　このように、what が導く節は名詞節として O（目的語）になることができるんだよ。

第3章

レッスン17　名詞節

249

⑮関係代名詞what節がC（補語）になる

続いて、whatが導く関係詞節がC（補語）になるケースを見ていこう。

Cのところに
関係代名詞what節がくるよ！

次の文を見てみよう。

This is what I wanted.

 「ムム。動詞が２つ出てきてるゾ！」

　たしかに、この文には２つの動詞（is と wanted）が含まれているね。でも、この文の核となっているＶ（動詞）は is だよ。wanted は関係代名詞 what が導く節の中の動詞で、文としては次の構造になっているよ。

```
  S    V        C（名詞節）
┌──┐ ┌─┐ ┌─────────────┐
```
This is what I wanted.　　（これは私が欲しかったものです）
```
            └─ what が導く節 ─┘
```

　ちなみに、what が導く節だけを抜き取って考えると、関係代名詞 what は、動詞 wanted の目的語に相当しているんだ。

```
  O    S    V
┌──┐ ┌─┐ ┌────┐
```
what I wanted　　（私が欲しかったもの）
```
└─ wanted の目的語に相当
```

⑯関係代名詞 what 節が S（主語）になる

それでは、what が導く関係詞節が S（主語）になるケースを見ていこう。

Sのところに
関係代名詞 what 節がくるよ！

次の文を見てみよう。

What makes me happy is my family.

 「ムムム、また動詞が2つ出てきてるゾ！　makes と is は両方とも動詞だよね？」

　たしかに動詞が2つ（makes と is）あるけど、この文の核となる V（動詞）は is のほうなんだ。makes はあくまでも what が導く節の中の動詞で、文の構造としては、次のような SVC 文型なんだよ。

```
   S（名詞節）              V      C
```

What makes me happy　is　my family.

　　　　what が導く節

（私を幸せな気持ちにしてくれるのは家族です）

> SVC 文型では S ＝ C の関係が成り立つから、この文でも what makes me happy（私を幸せにしれくれるもの）＝ my family（私の家族）が成り立っているよ。

では、次の文はどうかな？

S（名詞節）　　V　　C

What Kero said　is　true.　　（ケロが述べたことは真実です）

whatが導く節

「この文もwhatが導く節が主語になってるね！」

　そうなんだ。ただし、What makes me happy is my family.の文とは、少し違うところもあるんだよ。それはwhatが導く節の中なんだ。whatが導く節だけを抜き取って比べてみよう。

S　　V　　O　　C

What makes me happy　　（私を幸せにしてくれるもの）

└ 節の中で主語に相当

O　　S　　V

What Kero said　　（ケロが述べたこと）

└ saidの目的語に相当

　このように関係代名詞whatは、節の中では「主語」や動詞の「目的語」として働くことも併せて知っておこう。

252

⑰名詞節が前置詞の目的語になる

Lesson 6 (→p.48) で学んだように、前置詞は名詞の前に置かれる品詞で、「前置詞＋名詞」の形で使われるんだったね。

「たしか、名詞や名詞みたいな役割を持っている表現の前に置くんだよね！」

whatやwhetherが導く名詞節も同じように「前置詞＋名詞節」の形にすることができるんだ。この形で前置詞とセットで使われる名詞や名詞句、名詞節などは**「前置詞の目的語」**と呼ばれるよ。

ここでは、名詞節がどのように「前置詞の目的語」になっているのか、さらっと紹介しておこう。

第3章　レッスン17　名詞節

前置詞　＋　名詞節

S　V　　　　　　　　　　　　　（名詞節）
We talked about **what** we did on the weekend.
　　　　　　　前置詞　　　　whatが導く節

（僕たちは週末にしたことについて話した）

S　　V　　　　　　　　　　　　（名詞節）
We talked about **what** happened yesterday.
　　　　　　　前置詞　　　　whatが導く節

（僕たちは昨日起きたことについて話した）

S V　　C
I'm worried about **whether** I can get my money back.
　　形容詞　　　前置詞　　　　whetherが導く節

（お金を返してもらえるのかどうか、心配です）

⑱名詞節を受ける「形式主語 it」

名詞節を受ける「形式主語 it」はこれまで that 節（→p.223）や whether 節（→p.238）で見てきたけれど、実はほかの名詞節の形もあるんだ。具体的には、疑問詞が導く節（＝疑問詞＋S＋V）と感嘆文となっている節が置けるんだよ。ここでまとめて見ておこう。

・疑問詞が導く節（＝疑問詞＋S+V）

It's not certain **who** will replace her.
（誰が彼女の代わりとなるか、定かではない）

It's not known **when** he'll return.
（彼がいつ戻ってくるか、わからない）

It's not clear **where** she was born.
（彼女がどこで生まれたのか、はっきりしていない）

It's not obvious **what** the best solution is.
（何が最良の解決法か、明白ではない）

It's apparent **why** he has been successful.
（彼がなぜ成功してきたのかは明らかだ）

It's not clear **how** long the sale will last.
（そのセールがどのぐらい続くか、はっきりしていない）

It's not clear **how** well they understand Japanese culture.
（彼らがどれほど日本文化を理解しているかははっきりしない）

It's not known **how** they arrived on the island.
（彼らがどのようにしてその島に着いたのかは知られていない）

> howには、①程度「どのぐらい」②感嘆「なんて〜なんだ」③方法「どのように」と複数の意味があるから注意しよう。

- 感嘆文となっている節

It's funny **how** stupid I was.

(自分がなんて愚かだったか、こっけいだな)

It's amazing **what** a wonderful song this is.

(これは何て素晴らしい曲であることか、驚くほどです)

> 感嘆文については、p.74を参照してね。

これも

知っておきたい！

■It is ～ that ... の「強調構文」

itとthat節を使った特別用法として、「強調構文」と呼ばれる用法があるんだ。It is ～ that ... 「…なのは～だ」の形で、挟み込んでいる「～」を強調することができるんだよ。

It is ～ that ...

↘この部分を強調する

It is education **that** will change the world.

↑ education を強調 　　　（世界を変えるのは教育です）

It was Kero **that [who]** won the award.

↑ Kero を強調 　　（その賞を獲得したのはケロでした）

> 強調する対象が「人」の場合はwhoも使われるよ。

that と whether の違いをイラストで確認しましょう。

ジャグリングが得意な、
ピエロの「that」と申します！

形容詞

副詞

代名詞

接続詞

　that は「代名詞（指示代名詞・関係代名詞）」「形容詞」「副詞」「接続詞」になれます。

whetherは「接続詞」だけです。

Lesson 18

形容詞節

このLessonでは、文の中で「形容詞」と同じように機能する「形容詞節」について取り上げていくよ。形容詞節になるのは「関係代名詞が導く節」と「関係副詞が導く節」の2つだよ。

①関係代名詞が導く節が形容詞節になる

形容詞、形容詞句と同じように名詞を修飾できる節を「形容詞節」というんだ。「形容詞節」になるのは、「関係代名詞」と「関係副詞」が導く節の2つがあるんだよ。

```
形容詞節 ┬ 関係代名詞が導く節
        └ 関係副詞が導く節
```

形容詞節について学ぶ前に、「形容詞」と「形容詞句」のおさらいをしておこう。

《形容詞》
・名詞を修飾する

a big <u>dog</u>　　(大きな犬)

名詞を前から修飾

《形容詞句》
・形容詞句も、形容詞と同じように名詞を修飾する
・形容詞句になるのは、おもに「不定詞」「分詞＋語句」「前置詞＋名詞」

258

不定詞

```
 S      V            O
┌─┐ ┌────────┐  ┌──────────────┐ （形容詞句）
I  would like  something  to eat.    （何か食べるものが欲しい）
                              ↑
                          不定詞
```

代名詞somethingをうしろから修飾

現在分詞＋語句

```
 S    V      O
┌─┐ ┌──┐ ┌────┐           （形容詞句）
I  know  the frog  swimming in the pond.
                   ↑
              現在分詞＋語句
```

名詞frogをうしろから修飾 　　　（池で泳いでいるあのカエルを知っている）

過去分詞＋語句

```
          S                              V   C
┌──────────┐     （形容詞句）        ┌─┐ ┌──┐
The man  surrounded by fans  is  Tom.
    ↑
過去分詞＋語句
```

名詞manをうしろから修飾 　　　（ファンに囲まれているあの男性はトムだ）

前置詞＋名詞

```
  S                      V      O
┌──────┐  （形容詞句）  ┌───┐ ┌─────┐
People  in Mexico  speak  Spanish.
   ↑
前置詞＋名詞
```

名詞peopleをうしろから修飾 　　　（メキシコの人々はスペイン語を話す）

> 「句」は２語以上の意味のかたまりで、うしろから名詞を修飾する形だね！

②関係代名詞が導く節がS（主語）を修飾する

形容詞のようにS（主語）の名詞を修飾

まず、「関係代名詞」から見ていくことにしよう。

Lesson 17で関係代名詞について学んだけど、ケロは覚えてるかな？

「うん！　関係代名詞whatが出てきたよね？」

そうだね。whatが導く節は「名詞節」になって、文の中でS（主語）、C（補語）、O（目的語）になる役割があったよね。ただ、残念ながらwhatはここで学ぶ「形容詞節を導く関係代名詞」ではないんだ。

「そうなんだ。じゃあ、どんな関係代名詞が形容詞節を導くの？」

まず、thatやwhichという関係代名詞がそうなんだ。これらは、代名詞や形容詞としての役割のほかに「関係代名詞」としての使い方もあるんだよ。では、先行詞になる名詞が「人」でも「人以外」でも使える、便利なthatを使って学んでいこう。

先行詞	主格	目的格	所有格
人	who	whom	whose
モノ	which	which	whose
人やモノどちらでも	that	that	-------

260

次の文は関係代名詞thatが使われた文だよ。この文の中でthatが導く節がどこにあるか、ケロはわかるかな？

The frog that is swimming in the pond is Kero.

（池で泳いでいるあのカエルはケロです）

「frogのうしろにthatがきているね！　that is swimming in the pond is Keroまでかな？」

おしい！　... is Keroのisは**メインのV（動詞）**だから、that is swimming in the pondまでが「節」なんだ。

「文の中に文があるみたいで、僕_{ぼく}には何が何やら……」

文の中に形容詞節が含_{ふく}まれているので、難_{むずか}しく見えるかもしれないけれど、この文の核_{かく}となっているのは、The frog is Kero.（あのカエルはケロです）というシンプルなSVC文型なんだ。2つの文を比_{くら}べながら、文の構造_{こうぞう}を確認_{かくにん}してみよう。

```
        S        V     C
The frog  is  Kero.     （あのカエルはケロです）
```

```
        S                    （形容詞節）           V     C
The frog  that is swimming in the pond  is  Kero.
名詞＝先行詞      関係代名詞thatが導く節
                              （池で泳いでいるあのカエルはケロです）
```

「ホントだ！　thatが導く節以外は同じ構造だね！」

そうなんだ。形容詞節になると修飾する部分が長くなるから、わかりにくくなるけれど、SVCの文であることに変わりはないんだ。そして、thatが導く節は形容詞節として、形容詞や形容詞句と同じ働きをしているだけなんだよ。

・「形容詞」で修飾

The small frog is Kero.　　（あの小さなカエルはケロです）

形容詞 small が前から frog を修飾

・「形容詞句」で修飾

（形容詞句）

The frog swimming in the pond is Kero.

「現在分詞＋語句」がうしろから名詞 frog を修飾

（池で泳いでいるあのカエルはケロです）

・「形容詞節」で修飾

（形容詞節）

The frog that is swimming in the pond is Kero.

関係代名詞 that が導く節が名詞 frog を修飾

（池で泳いでいるあのカエルはケロです）

関係代名詞が含まれる節のことを「関係（代名）詞節」と呼ぶこともあるよ。

「そっか。関係代名詞って、なんだか聞くだけで難しそうな印象だったけど、名詞を修飾する形容詞と似た感じのものなんだね」

正確に言うと、関係代名詞だけで名詞を修飾するわけではなく、「関係代名詞が導く節」が「形容詞節」という意味のかたまりとして、うしろから名詞を修飾するというわけなんだ。

「あれ？　おかしなことに気がついたゾ。『形容詞句』と『形容詞節』で修飾している文って、意味が一緒じゃない？」

　良いところに気がついたね！　ケロの言う通り意味は一緒なんだ。形容詞句になる「分詞＋語句」は、《関係代名詞＋be動詞》が省略されているものだという考え方もできるんだよ。

（形容詞句）

The frog (that is) swimming in the pond is Kero.

（　　）部分を省略

（池で泳いでいるあのカエルはケロです）

　このほかに、形容詞句になる「前置詞＋名詞」のときも、同じように考えることができるよ。

（形容詞句）

The books (that are) on the table are hers.

（　　）部分を省略

（テーブルの上にある本は彼女のものです）

that や which には
3つの側面があるよ

代名詞
形容詞　関係代名詞

③関係代名詞にも「格(かく)」がある

次は　　　　で囲(かこ)んだ形容詞節の中身に着目するよ。もう一度、②で出てきた文(→p.261)を見てみよう。

The <u>frog</u> that is swimming in the pond is Kero.

「節」は「SVが含(ふく)まれた意味のかたまり」だから、この形容詞節の中にも、S（主語）やV（動詞）として機能(きのう)している単語が含まれているんだ。この中で、Sにあたるのはthat、Vにあたるのはis swimmingだね。

《節の中のSとV》

$$\begin{array}{cc} \text{S} & \text{V} \end{array}$$

The frog **that** is swimming in the pond is Kero.

このように、節の中でS（主語）として機能する関係代名詞は、**「主格」**の関係代名詞と呼(よ)ばれているんだ。

「『主格』って、Lesson 5の代名詞のキホン（→p.45）で習ったよね？
IとかweとかA、theyだよね？」

そうだね。関係代名詞は名前の中に「代名詞」が含まれていることからもわかるように、代名詞的な働きがあるんだ。IやweのようなSとして働く代名詞が「主格」と呼ばれているように、節の中でSとして働く関係代名詞も「主格」と呼ばれているんだよ。

では、ここで問題！　次の2つの文には違(ちが)いがあるんだけど、それはどこだろう。

A The frog that hopped into our classroom was Kero.
（私たちの教室に飛び込んできたカエルはケロでした）

B The frog that you saw today was Kero.
（あなたが今日見かけたカエルはケロでした）

「どちらの文にもthatが使われているし、『節』の部分を除いたThe frog was Kero.（そのカエルはケロでした）という核の部分も同じだよなぁ……」

　少し難しかったかな？　正解は、「節」の中でのthatの役割が違うということだよ。関係代名詞が導く節が名詞frogを修飾するのは同じだけど、節の中で、Aの文はS（主語）として、Bの文ではO（目的語）として機能しているんだよ。

関係代名詞が「主語」としてして機能⇒「主格」

S　　　V

A The frog **that** hopped into our classroom was Kero.

関係代名詞が「目的語」として機能⇒「目的格」

O　S　V

B The frog **that** you saw today was Kero.

「Bの文は他動詞sawのうしろにO（目的語）はいらないということ？」

そう、このsawのO（目的語）にあたるのが関係代名詞のthatなんだ。次のように2つの文に分解して考えるとわかりやすいよ。

The frog **that** you saw today was Kero.

The frog was Kero.   You saw **it** today.
（そのカエルはケロでした）   （あなたは今日、それを見ました）

Oのitを関係代名詞thatに
置き換えて前に出す

The frog was Kero.   **that** you saw today

The frog **that** you saw today was Kero.

「代名詞は I（主格）→ me（目的格）のように形が変わっていたけど、thatは主格も目的格も同じなんだね」

関係代名詞thatは「主格」も「目的格」も同じthatを使うんだ。thatは「人」や「モノ」に関する名詞を修飾するときに使える、便利な関係代名詞。一方、「人」を表す名詞を修飾するときには、who（主格）やwhom（目的格）という関係代名詞を使うこともあるんだ。人以外の「モノ」に関する名詞を修飾するときに使うことがある関係代名詞whichは、「主格」も「目的格」も同じwhichだよ。

先行詞	主格	目的格	所有格
人	who	whom	whose
モノ	which	which	whose
人やモノどちらでも	that	that	-------

「『人』が先行詞のときは、who（主格）→ whom（目的格）のように変わるんだね！」

　その通り！　それでは、「人」を表す名詞が先行詞となる場合に使う関係代名詞 who や whom の例も見ておこう。

関係代名詞 who が「主語」として機能⇒「主格」

```
          S              （形容詞節）
                    S      V              V            O
Many  students  who  study abroad  experience  culture shock.
 名詞 ＝先行詞         who が導く節
```

名詞 students を修飾

（海外で勉強する多くの学生がカルチャーショックを経験する）

関係代名詞 whom が「目的語」として機能⇒「目的格」

```
        S           （形容詞節）
                   O    S   V        V        O
The  woman  whom [who]  I  talked to  was  very  kind.
 名詞 ＝先行詞       whom[who] が導く節
```

名詞 woman を修飾

（私が話しかけた女性はとても親切だった）

目的格の関係代名詞は本来は whom だけど、フォーマルな文書以外では who を使うことが多いよ。主格の who と形は同じになるけど、間違いじゃないからね。

　関係代名詞が導く節が S（主語）を修飾すると、文が長くなるね。さらに、「節」の中に含まれている S と V のせいで、どれが文の核となるメインの S と V なのか、慣れないうちはわかりづらいかもしれない。しっかり見抜いていこう。

④関係代名詞が導く節がC（補語）を修飾する

これまではS（主語）の名詞を修飾する文を見てきたけど、次に、C（補語）の名詞を修飾するケースを見ていこう。

形容詞のようにC（補語）の名詞を修飾

では、さっそく例文を見てみよう。次の文はどちらも同じ文型だけど、どんな文型かわかるかな？

She's the person who is going to make a speech.
（彼女が講演をすることになっている人物です）

Kelly is a person whom [who] you can trust.
（ケリーは信頼できる人物です）

「どっちもメインの動詞はbe動詞だから、SVC文型だね！」

その通り！　そして、関係代名詞が導く節がC（補語）の名詞をうしろから修飾しているね。文の構造は次のようになっているよ。

関係代名詞whoが「主語」として機能⇒「主格」

（彼女が講演をすることになっている人物です）

関係代名詞 whom が「目的語」として機能⇒「目的格」

（ケリーは信頼できる人物です）

「関係代名詞が導く節って、前から名詞を修飾することはないの？」

　それはないんだ。日本語だといつも「修飾する語句＋名詞」の語順だけど、英語では「名詞＋関係代名詞が導く節（＝形容詞節）」のようにうしろから修飾するんだよ。

関係代名詞が導く節は、
いつだってうしろから名詞を
修飾するんだね！

⑤関係代名詞が導く節がO（目的語）を修飾する

次は、関係代名詞が導く節がO（目的語）にあたる名詞を修飾するケースも見ていこう。

形容詞のようにO（目的語）の名詞を修飾

それでは、Kero is reading the book.（ケロはその本を読んでいる）という文を使って、O（目的語）にあたる名詞bookを修飾するとき、関係代名詞が導く節がどのように働いているか、次の2つの文を比べてみよう。

関係代名詞が「主語」として機能⇒「主格」

（ケロは芥川賞を受賞した本を読んでいる）

関係代名詞が「目的語」として機能⇒「目的格」

（ケロは私があげた本を読んでいる）

先行詞の名詞bookは「モノ」だから、関係代名詞whichも使えるよ。

270

ここまで、関係代名詞が導く節がS（主語）、C（補語）、O（目的語）の名詞（＝先行詞）を修飾することを学んできたけど、ちゃんと理解できたかな？　関係代名詞が導く節（＝形容詞節）は、うしろから名詞を修飾することをしっかり覚えておこうね。

関係代名詞が導く節（＝形容詞節）は、うしろからS（主語）、C（補語）、O（目的語）を修飾する

・S（主語）を修飾

形容詞のようにS（主語）の名詞を修飾

・C（補語）を修飾

形容詞のようにC（補語）の名詞を修飾

・O（目的語）を修飾

形容詞のようにO（目的語）の名詞を修飾

⑥よく省略される「目的格」の関係代名詞

応用編として、「目的格」の関係代名詞の省略について学んでいこう。

さっそくだけど、次の文で、これまでの関係代名詞が導く節が含まれた文と違うところはどこかな？

> The frog you saw today was Kero.
>
> The woman I talked to was very kind.
>
> Kelly is a person you can trust.
>
> Kero is reading the book I gave him.

「あれっ、関係代名詞がどこにもないよ？ 間違った文じゃない？」

これらの文は決して間違っているわけではないんだ。実は、「目的格」の関係代名詞はよく省略されるという特徴があるんだ。とりわけ、会話の中では省略されるほうが普通なんだよ。

The frog (that) you saw today was Kero.

The woman (whom [who]) I talked to was very kind.

Kelly is a person (whom [who]) you can trust.

Kero is reading the book (that) I gave him.

＊( )部分は省略される。

「省略できるのは『目的格』だけ？ 『主格』の関係代名詞はどうなの？」

「目的格」だけが省略できて、「主格」の関係代名詞は省略できないんだよ。では、なぜ「目的格」だけ省略できるのか見ていこう。

272

主格の関係代名詞thatをもし省略してしまったら、次のような文になるんだ。

《主格の関係代名詞》

The frog **that** is swimming in the pond is Kero.

↓ 関係代名詞thatを省略してしまったら……

The frog is swimming in the pond is Kero.

（そのカエルは泳いでいる / 池で / ケロです）

いったい、どういう意味？

　これだと、最初のisをメインのV（動詞）だと思って、The frog is swimming.（そのカエルは泳いでいる）という文だと誤解してしまうかもしれないよね。だから、「主格」の関係代名詞は省略できないんだよ。

「たしかにthatがないと、意味のわからない文になってしまうね！」

　一方で、目的格の関係代名詞thatは、省略してもちゃんと意味がわかるようになっているんだ。

《目的格の関係代名詞》

The frog **that** you saw today was Kero.

↓ 関係代名詞thatを省略すると……

The frog you saw today was Kero.

（そのカエル / あなたが今日見た / ケロでした）

　ただし、関係代名詞が省略されていても、うしろの節は形容詞節として前の名詞（＝先行詞）を修飾していることには変わりはないから、気をつけてね！

⑦ 「所有格」の関係代名詞 whose

これまで「主格」と「目的格」になる関係代名詞を見てきたけど、ここでは、「所有格」の関係代名詞 whose について学んでいこう。

$$\boxed{\text{先行詞}} \quad + \quad \boxed{\text{whose が導く節（＝形容詞節）}}$$

先行詞となる名詞をうしろから修飾

「しょゆうかく？　何だっけ、それは」

あらあら……。では、人称代名詞の活用を思い出してみよう。例えば、I はどんなふうに変化するんだっけ？

「覚えてるよ。I→my→me→mine だよね！」

その通り！　I の所有格は my だったね（→p.46）。

「所有」とは「私の～、あなたの～」のように、何かのオーナー（所有者）であるイメージだよ。例えば「私の本」であれば、my book となるね。今回取り上げるのは、my（私の～）や her（彼女の～）などに相当する「所有格」の関係代名詞 whose だよ。

先行詞	主格	目的格	所有格
人	who	whom	whose
モノ	which	which	whose
人やモノどちらでも	that	that	-------

「whoseって、『疑問詞』だと思ってたよ」

whoseには「疑問詞」のほかに「関係代名詞」としての使い方があるんだ。

疑問詞としてのwhoseは、

Whose wallet is this?（これ、誰のお財布ですか？）
Whose is this?（これは誰のものですか？）

のように疑問文のときに使うんだ。

それに対して、関係代名詞のwhoseは**「先行詞＋whose＋名詞」**という語順で、先行詞の名詞を、whoseが導く節がうしろから修飾するんだよ。

それでは、例文を見てみよう。

第3章

レッスン18 形容詞節

（形容詞節）

| S | V | O | S | V | O |

I have a **friend** **whose parents** run a Chinese restaurant.

名詞＝先行詞 　　　 whoseが導く節

名詞friendを修飾

（私には、ご両親が中華料理店を営んでいる友達がいます）

つまり、friend whose parentsは、friend's parents（＝友達の両親）という関係になるというわけだね。

この文を２つに分けると、わかりやすいよ。

次のように、２つの文が１つになったイメージなんだよ。

I have a friend **whose parents** run a Chinese restaurant.

↙ ↘

I have a **friend**.　　　　**Her parents** run a Chinese restaurant.

（私には友達がいます）　（彼女のご両親は中華料理店を営んでいます）

↓　　　　　　　　　↓ her を関係代名詞 whose に置き換える

I have a **friend**.　　　　**whose parents** run a Chinese restaurant

↘ ↙

I have a **friend whose parents** run a Chinese restaurant.

それでは、ケロ。whoseを使って、次の文を１つの文にしてみよう！

I have a **frog**.　（私はカエルを飼っています）

Its name is Kerochan.　（その名前はケロちゃんです）

「whoseに置き換えられるのはitsの部分だから…… I have a frog whose name is Kerochan. で合ってるかな？」

I have a **frog**. **Its name** is Kerochan.

↓ Its を whose に置き換える

I have a **frog whose** name is Kerochan.

（私はケロちゃんという名前のカエルを飼っています）

　正解！　ちなみに、「whose」＝「人」と思っていたかもしれないけれど、所有格のwhoseは、先行詞が「人」以外の「動物」や「モノ」でも使えるんだよ。

276

⑧関係副詞って何？

ここからはもう一つの形容詞節である「関係副詞」が導く節について学ぼう。

```
形容詞節 ─┬─ 関係代名詞が導く節
          └─ 関係副詞が導く節
```

thatやwhich、whoなどの「関係代名詞」は、うしろに「節」を導いて、先行詞となる名詞を修飾するものだったけど、「関係副詞」も同じようにうしろから名詞を修飾するんだ。

```
先行詞  ←  関係副詞が導く節
```

先行詞となる名詞をうしろから修飾

関係副詞には次の4種類があって、先行詞となる名詞に応じて使い分ける必要があるんだよ。

4つの関係副詞

先行詞の名詞	関係副詞
「場所」を表す名詞	where
「時」を表す名詞	when
the reason（理由）	why
（先行詞なしで使う）	how

関係副詞は副詞なので、文の要素（S、V、O、C）にはなれないよ！

 「関係代名詞を使うときと、いったい何が違うの？」

277

関係代名詞と関係副詞には、次のような違いがあるんだ。

	関係代名詞	関係副詞
役割	「節」を前の名詞と結びつける	「節」を前の名詞と結びつける
品詞	「代名詞」の一種	「副詞」の一種

「うーん、まだ違いがイマイチよくわからないんだけど……」

関係代名詞が「代名詞」、関係副詞が「副詞」の一種というのがポイントだよ。文を2つに分けて、どの品詞の役目をしているかを確認するとわかりやすいよ。

《関係代名詞》

I visited the school **that** Kero entered.
（私はケロが入学した学校を訪れた）

↑
Kero enteredだけだと
O（目的語）がなくて完結していない

2つの文に分けると

・I visited the school.　（私はその学校を訪れた）
・Kero entered **the school**.　（ケロはその学校に入学した）

the school（その学校）は「名詞」で、文の主要な要素の一つ「目的語」になっている

《関係副詞》

I visited the school **where** Kero studies.
（私はケロが学ぶ学校を訪れた）

↑
Kero studiesだけで完結している

2つの文に分けると

・I visited the school.　（私はその学校を訪れた）
・Kero studies **there**.　（ケロはそこで学ぶ）

there（そこで）は、文の主要な要素にはならない「副詞」である

つまり、関係副詞のうしろは完結した文になっているということが、重要なポイントだよ。

⑨関係副詞 where が導く節が「場所」を修飾する

それでは、「場所」を表す名詞を修飾する関係副詞 where から学んでいこう。

「場所」を表す名詞（＝先行詞）	関係副詞 where が導く節

うしろから修飾

次の文を見てみよう。

I visited the school **where** Kero studies.
（私はケロが学ぶ学校を訪れました）

「あれ？　whereって、『どこに』や『どこで』という意味じゃないの？」

たしかに、**Where** did you buy that T-shirt?（そのTシャツ、どこで買ったの？）のように疑問文の文頭で使ったりするよね。でも、それは疑問詞のwhereなんだ。whereを「どこに」「どこで」という疑問詞として考えてしまうと、

I visited the school where Kero studies.
（私はその学校を訪れた / どこで / ケロは学ぶ）

という意味のわからない文になっちゃうよね。

関係副詞のwhereは「where＋S＋V」の形で、「SがVするところの～」という意味になって、直前にある名詞（＝先行詞）を修飾するんだ。つまり、この文のwhereは関係副詞で、**where Kero studies**という形容詞節として、前の名詞（＝先行詞）schoolを修飾しているんだよ。

「『関係副詞』って、『副詞』なのに『名詞』を修飾できるの？」

　whereは副詞ではあるけれど、whereが導く節、すなわち「where＋S＋V」の形になると、形容詞節になるんだよ。では、whereが導く節が含まれた文の構造を見てみよう。

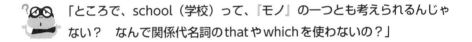

「where＋S＋V」が形容詞節として、直前の名詞を修飾しているんだ。

「ところで、school（学校）って、『モノ』の一つとも考えられるんじゃない？　なんで関係代名詞のthatやwhichを使わないの？」

　関係代名詞を使おうと思えば使えるんだけど、そのためには次のように前置詞と組み合わせた形にする必要があるんだ。

関係代名詞thatは「前置詞＋that」のように前置詞の直後では使えないので、at whichになるよ。

また、次のように前置詞を最後に置いたり、関係代名詞を省略したりする場合もよくあるんだよ。

I visited the school **which [that]** Kero studies **at**.

I visited the school Kero studies **at**.

*関係代名詞thatは前置詞の直後でなければ使える

では、もう一つ例文を見ておこう。「前置詞」と「関係代名詞」を組み合わせた形に置き換えた文と比べてみてね。

<pre>
    S   V   C   （形容詞節）
That is the house where Kero's family lives.
         名詞＝先行詞   関係副詞whereが導く節
                名詞houseを修飾
</pre>

（あれはケロの家族が住んでいる家です）

<pre>
    S   V   C   （形容詞節）
That is the house in which Kero's family lives.
         名詞＝先行詞   前置詞＋関係代名詞が導く節
                名詞houseを修飾
</pre>

> どんな前置詞を使うかは、study at the school（その学校で勉強する）やlive in the house（その家に住む）のように、先行詞の名詞がどんな前置詞とセットになるかによって違うよ。

⑩関係副詞whenが導く節が「時」を修飾する

次に、「時」を表す名詞を修飾する関係副詞whenについて学んでいこう。

「時」を表す名詞 （＝先行詞）	関係副詞whenが導く節

うしろから修飾

ケロは、これまでwhenをどんな意味で使っていた？

 「あれれ？　whenって、『いつ』という意味じゃないの？」

たしかに、**When** can we take a break?（私たちはいつ休憩が取れますか）
のように疑問文で使われるよね。

それに加えて、whenには「関係副詞」としての顔もあるん
だ。関係副詞のwhenは「when＋S＋V」の形で、「SがVす
るときの〜」という意味の形容詞節として、直前の名詞（＝
先行詞）を修飾するんだ。先行詞には「時」を表す名詞がく
るよ。

それでは、関係副詞whenが導く節が含まれる文を見てみよう。

I'll never forget the day **when** I first learned the alphabet.

S　V　O　（形容詞節）

名詞＝先行詞　　関係副詞whereが導く節

名詞dayを修飾

（アルファベットを初めて習った日のことを私は決して忘れません）

関係副詞whenが導く節が形容詞節として、うしろから先行詞であるday「日」
を修飾しているというわけだね。

　では、関係副詞whenを使った文の例をもう一つ見ておこう。

S　　　　V　　　本来のS
　　　　　　　　　　　　　　　（形容詞節）
There　are　times　**when** we must stop.
副詞　　　　　　名詞＝先行詞　　関係副詞whenが導く節

名詞timesを修飾

（私たちは立ち止まらないといけないときがあります）

 「timeって、『今、何時？』みたいに、時刻を表すんじゃなかったっけ？」

　timeはWhat time is it now?（今、何時ですか）という「時刻」の意味だけ
でなく、「（特定の）時、時期」を表すときもあるんだよ。

　なお、関係副詞whenは先行詞にdayやtimeがくるとき、省略されることが
あるよ。

S　　　　V　　　　　O　　　　　　　関係副詞whenの省略
　　　　　　　　　　　　　　　　　　　（形容詞節）
I'll never forget the day I first learned the alphabet.
　　　　　　　　　　名詞＝先行詞

⑪関係副詞whyが導く節が「理由」を修飾する

「場所」や「時」を表す名詞を先行詞にとる関係副詞whereとwhenについて学んできたね。最後は「理由」を表す名詞「the reason」を先行詞にとる、関係副詞whyについて学んでいこう。

「理由」を表す名詞 the reason（＝先行詞）	関係副詞whyが導く節

うしろから修飾

ケロ、whyはどんな意味かわかるかな？

「『なぜ？』という意味だよね」

その通り！　**Why** did you choose this school?（なぜこの学校を選んだのですか）、I don't know **why** he left Japan.（彼がなぜ日本を去ったのか、私は知らない）のように疑問を表す文で使われるよね。

whyは、それに加えて、whereやwhenと同じように「関係副詞」としての役割もあるんだよ。

疑問詞

関係副詞

まずは、「疑問詞＋S＋V」の形で、名詞節としてO（目的語）になる間接疑問文を復習しておこう。

```
    S        V              O （名詞節）
┌─┐┌──────┐┌──────────────────┐
I don't know **why** he left Japan.
              [whyが導く節]
```

（彼がなぜ日本を去ったのか、私は知らない）

> 間接疑問は「名詞節」。つまり、「名詞」と同じ働きをするよ。（→p.230 Lesson 17）

　そして、次の文は関係副詞whyが導く節が含まれた文だよ。

I don't know **the reason why** he left Japan.

（彼が日本を去った理由を私は知らない）

 「さっきの間接疑問文の真ん中に、the reasonが加わったみたいだね」

　そうだね。でも、この文はさっきとは違って、the reason（その理由）がO（目的語）になっていて、whyが導く節は形容詞節としてreasonを修飾しているんだ。

```
    S        V              O
┌─┐┌──────┐┌──────────────┐
                                （形容詞節）
I don't know **the reason** **why** he left Japan.
            [名詞]=先行詞        [whyが導く節]

              名詞reasonを修飾
```

 「あれ？　間接疑問文でも関係副詞whyの文でも、文の意味はほとんど同じだよね？」

　そうなんだ。実は、関係副詞whyは「the reason + why」の形で使うのが基本なんだけど、このthe reasonは省略されることがとても多いんだ。

I don't know (the reason) why he left Japan.

つまり、the reasonが省略されると間接疑問文と全く同じ文になるんだ。意味がほとんど同じなのも、うなずけるよね。

さらに、関係副詞whyを省略して、the reasonを残すという方法もあって、これも意味的には同じになるんだよ。すなわち、次の3つのパターンがあるということだね。

A I don't know **why** he left Japan.

間接疑問としてのwhy、もしくは先行詞のthe reasonを省略した形、どちらとも取れる。

B I don't know **the reason why** he left Japan.

先行詞the reasonと関係副詞whyがどちらも出てくる形。

C I don't know **the reason** he left Japan.

関係副詞whyを省略した形。

> Aのように、どちらとも取れる英文はけっこうあるけど、完璧に分析することが難しいこともあるから、悩みすぎないようにね！

ちなみに、the reasonがC（補語）になるSVC文型でも、同様に省略されたりするんだよ。

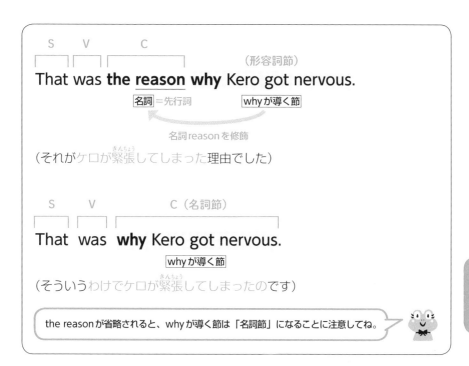

ちなみに、このThat was why ... のwhyと同じように、howも関係副詞として「名詞節」を導くことができるんだ。

「How are you?（元気かい？）のhowだったら、オイラでも知ってるよ」

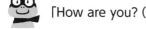

それは「どんな状態で」という意味の「状態」を尋ねる疑問詞のhowだね。howはそれ以外にも、**How** did you get the job?（その仕事、どうやって手に入れたの？）のように「手段」について尋ねるときにも使うよ。

そして、howには関係副詞としての役割<ruby>役割<rt>やくわり</rt></ruby>もあって、「how＋S＋V」の形で、「SがVする方法」という意味の名詞節になるんだよ。

howは次の文のように、先行詞を直前に置かないで使うのがルールなんだ。

```
 S    V          C（名詞節）
```
This is **how** she became an engineer.

how が導く節

（こういうふうにして彼女<ruby>彼女<rt>かのじょ</rt></ruby>はエンジニアになったのです）

直訳<ruby>直訳<rt>ちょくやく</rt></ruby>すると「これが彼女がエンジニアになった方法です」となるよ。

 「howって文の最初にくるイメージが強いけど、be動詞のあとでもOKなんだね」

関係副詞howが導く<ruby>導く<rt>みちび</rt></ruby>節が名詞節としてC（補語）になっているからね。関係副詞whyとhowを使った次の定番表現<ruby>表現<rt>ひょうげん</rt></ruby>は会話でも役立つから、ぜひ知っておいてね。表現をただ丸暗記するのではなく、文法的な背景<ruby>背景<rt>はいけい</rt></ruby>も知っておけば、もっと理解<ruby>理解<rt>りかい</rt></ruby>が深まるはずだよ！

SVC文型の形をとる、whyとhowの定番表現

《理由》

This is why S＋V 「こういうわけで、SはVなのです」

That is [That's] why S＋V 「そういうわけで、SはVなのです」

《方法》

This is how S＋V 「こういうふうにして、SはVなのです」

That is [That's] how S＋V 「そういうふうにして、SはVなのです」

Look 目で見て理解

「形容詞、形容詞句、形容詞節
―どれも名詞を修飾するのが基本！」

「形容詞」の基本となる役割は、「名詞」を修飾すること。それは「句」になったときでも、「節」になったときでも変わらないよ。

《形容詞》

a big chair （大きな椅子）
形容詞 名詞

《形容詞句》

The frog sitting on the chair is my grandfather.
名詞　　　　　　　形容詞句

（その椅子に座っているカエルは、私の祖父です）

《形容詞節》

The chair which my grandfather is sitting on is old.
名詞　　　　　　　　　　　　形容詞節

（私の祖父が座っている椅子は、古いです）

Lesson 19

副詞節

　第3章では「名詞節」「形容詞節」と学んできたけど、最後は「副詞」と同じように機能する「副詞節」について学んでいくよ。副詞節を導くのは主に「接続詞」で、「接続詞＋節」の形になるんだ。それでは詳しく見ていこう。

 ① 「接続詞＋節」が副詞節になる

　「副詞」はS（主語）V（動詞）O（目的語）C（補語）という文の要素にはならないけれど、「動詞」「形容詞」「副詞」「句」「節」「文」を修飾するという大切な役割があったね（→p.106 Lesson 13）。

　「副詞節」は、副詞と同じような役割をする節（＝S＋Vを含むかたまり）で、「接続詞」に導かれるという特徴があるんだ。

| 副詞節 | ＝ | 接続詞＋節 |

 「『接続詞』って、andやorといった言葉と言葉をつなぐ働きをする品詞のことだったよね？」

　その通り！　「接続詞」は言葉をつなぐ、架け橋のような役割をする品詞だったね。英語の接続詞は「語と語」のほかに、「句と句」「節と節」もつなぐことができるんだったね（→p.52 Lesson 8）。

ケロが言ったandやorは「対等な関係」で結びつける**「等位接続詞」**と呼ばれる接続詞なんだ。接続詞にはこの「等位接続詞」のほかに、**「従属接続詞」**と呼ばれるものがあって、これが「副詞節」を学ぶ上でとても大切なんだよ。

 「じゅうぞく、せつぞくし？」

　「従属」というのは、力のある人に従うような意味で、例えると女王様に召使いが仕えているようなイメージなんだ。

女王様（主節）　　　　召使い（従属節）

 「なるほど！　つまり、『女王様にあたる節（＝主節）』を『召使いにあたる節（＝従属節）』が修飾して、手伝っているんだね」

主節	＋	従属節（従属接続詞＋節）

修飾

　そういうこと！　従属接続詞には、whenやif、becauseなどいろいろあるので、ひとつひとつ見ていくことにしよう。

② 「時」を表す接続詞＋節

before（～する前に）

次の文を見てみよう。接続詞のbeforeが「主節」と「従属節」を
結びつけているんだ。

（ケロが帰宅する前に雪が降り始めた）

> beforeには前置詞だけでなく、このように接続詞としての役割もあるんだよ。

この文の核となっているのは主節で、接続詞beforeがあとに続く従属節を結
びつける役割をしているんだ。

この文のポイントは、主節のIt began to snow.（雪が降り始めた）だけでも、
SVO文型の文として成り立っていること。同時に、従属節のbefore Kero got
home（ケロが帰宅する前に）は、「いつ」降り始めたのかということを補って
いるけれど、「文の要素」にはなっていないことだよ。つまり、従属節は「副詞節」
として、副詞的に主節の文を修飾しているということなんだ。

主節	従属節＝副詞節

「従属節」が副詞的に「主節」を修飾している

after（〜したあとで）

beforeの反対の意味をもつ**after**も、接続詞の役割をもっているよ。次の文を見てみよう。

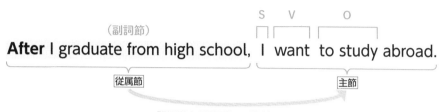

（高校を卒業したあと、海外で勉強したいんです）

「あれ？　さっきは従属節がうしろのほうにあったけど……。従属節が主節よりも前にきてもいいの？」

上の文のように、従属節が主節より先にくることもあるよ。ただし、従属節の終わりにカンマ（,）をつけるというルールがあるんだ。

「ホントだ！　カンマ（,）がついてるね」

「先生、『高校を卒業したあと』って、これからのことだよね。未来のことを表現_{ひょうげん}するから、willが必要じゃないの？」

未来のことだからといって、willを一緒_{いっしょ}に使ってAfter I **will** graduate ... とはならないんだ。《時》や《条件》を表す副詞節の中では、未来のことも現在形で表すというルールがあるんだよ。

第3章

レッスン19　副詞節

293

when（〜するとき）

before/afterのように、「時」について情報<ruby>情報<rt>じょうほう</rt></ruby>を加えることができる接続詞はほかにもあるよ。ヒントは、whで始まるもの。

 「え〜っと、『時』……『〜するとき』という意味があるwhenかな？」

大正解<ruby>大正解<rt>せいかい</rt></ruby>！　whenは、**When** do you leave for the US?（いつアメリカに行くのですか）のような文で使う疑問を表すwhen「いつ」と、「時」を表す名詞を修飾<ruby>修飾<rt>しゅうしょく</rt></ruby>する「関係副詞」としてのwhenがあったね（→p.282 Lesson 18）。

ここで学ぶのは、「〜するとき」という意味をもつ、「接続詞」としてのwhenだよ。

それでは、次の文を見てみよう。

（副詞節）   S   V

When Kero entered the classroom, nobody was there.

従属節   主節

「従属節」が副詞的に「主節」を修飾

（ケロが教室に入ったとき、誰<ruby>誰<rt>だれ</rt></ruby>もそこにいなかった）

while（〜する間に）

　次は、whenに少し似ている接続詞の**while**だよ。whileには「〜する間に」という意味があるんだ。では、次の文を見てみよう。

（楽しめるうちに人生を楽しむことだ）

> 主節は「命令文」だから、動詞の原形から始まっているんだよ。従属節while you canのうしろにはenjoy your lifeが省略されていると考えてね。

　whenとwhileはつづりも似ているので、少しまぎらわしいかもしれないね。この2つの違いは、表す「期間の長さ」だよ。「ケロが教室に入ったとき」のように**一時点のこと**を表すwhenに対して、whileは「（人生を）楽しめるうちに」のように**ある一定の長さのこと**を表すんだよ。

　ここまでbefore/afterとwhen/whileについて学んできたけど、文の構造は次の2つのパターンだから、けっこうシンプルだよね。

- ・「主節」＋「接続詞が導く従属節」
- ・「接続詞が導く従属節」＋カンマ（,）＋「主節」

　　　従属接続詞は「主節」と「従属節」を結んでくれるよ！

　大事なことは、接続詞が導く従属節が「副詞節」として、主節を副詞的に修飾しているということだよ。

once（いったん〜すれば）

「時」を表す接続詞は、ほかにもいろいろあるんだ。意外かもしれないけど、onceも「時」を表す接続詞なんだよ。

 「once？　何だか数字の１（one）みたいだね」

onceは童話の最初に出てくるonce upon a time（昔々）のような慣用表現だったり、「かつて」や「一回、一度」という意味で、副詞として使われたりもするんだ。

《副詞としてのonce》

Once upon a time, there was a king named Kero.

（昔々、ケロという名の王がいた）

I have been to Ireland **once**.

（アイルランドには一度行ったことがあります）

ここで学ぶのは接続詞としてのonceで、「いったん［ひとたび］〜すれば」という意味で使うんだよ。では、次の文を見てみよう。

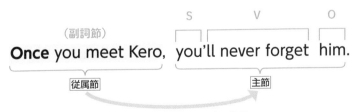

（ひとたびケロに会えば、彼のことを決して忘れないでしょう）

「あれ？　ケロに会うのはこれから、つまり未来のことだよね。will meetにはならないの？」

　afterと同じように、onceが導く副詞節の中でも未来のことは**現在形**で表すんだ（→p.293）。ちなみに、未来形はダメだけど、次のような**現在完了形**（＝have＋過去分詞）はOKだよ。

Once you've learned how to ride a bicycle, you'll never forget.
(いったん自転車の乗り方を習得したら、決して忘れませんよ)

＊ you've = you have

since（〜して以来）

　sinceは「前置詞」と「接続詞」の役割をもっていて、どちらも「〜以来（ずっと）」という意味で使うことができるんだ。

　sinceは「（過去のある時点からの）時の起点」を表す単語で、次のように、完了形（＝have＋過去分詞）とセットで使うのが基本なんだ。

《前置詞としてのsince》

```
  S        V         O              （副詞句）
 ┌─┐┌──────────┐   ┌────┐
 I  have known  Kero  since childhood.
    ┌────────┐        ┌──────────┐
     完了形              前置詞＋名詞

        ←────────────────
         副詞句としてVを修飾
```

(私は子供のころからケロと知り合いです)

> 前置詞の場合は、うしろにchildhood（子供時代）のように名詞がくるよ。

《接続詞としての since》

I have known Kero **since** I was a child.

（私は子供のときから、ケロと知り合いです）

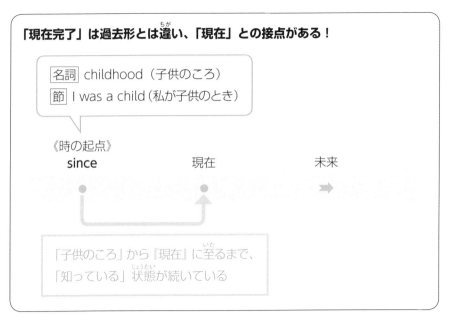

「現在完了」は過去形とは違い、「現在」との接点がある！

名詞 childhood（子供のころ）
節 I was a child（私が子供のとき）

《時の起点》
since　　　　　現在　　　　　未来

「子供のころ」から『現在』に至るまで、
「知っている」状態が続いている

　接続詞の since も前置詞の since も、「〜以来（ずっと）」という意味は一緒だけど、接続詞はうしろに節（＝S＋Vを含む意味のかたまり）がくるから、うしろを見ればどちらの品詞なのかわかるんだよ。

until[till]（〜まで）

次にuntil[till]を取り上げよう。

「untilはつづりにlが1つで、tillはlが2つなんだ！　ちょっとつづりがまぎらわしいね」

どちらも「〜まで（ずっと）」という「継続<rt>けいぞく</rt>」を表す接続詞なんだけど、untilのほうが少し丁寧<rt>ていねい</rt>な感じだよ。sinceと同じように、until[till]も「前置詞」と「接続詞」の使い方ができるんだよ。

前置詞
接続詞

「はぁ。それにしても英語って、なんでこうもまあ同じ単語から違う<rt>ちが</rt>使い方が出てくるんだ……」

ため息をつきたくなる気持ち、よくわかるよ。でも、このレッスンで出てくる単語は、品詞は違っても意味は同じだから、恐<rt>おそ</rt>れることはないよ！

《前置詞としてのuntil[till]》

S　　V

Kero studied from morning **until[till]** night.

前置詞＋名詞

（ケロは朝から晩<rt>ばん</rt>まで勉強した）

＊ from A until[till] B「AからBまで」

上の文ではuntil[till]は「〜まで（ずっと）」という意味で、前置詞として使われているよ。うしろには前置詞の目的語として、名詞（＝ night）がきているね。

第
3
章

レッスン19　副詞節

299

それ対して、次の文は「〜するまで（ずっと）」という意味で、接続詞として使われているんだ。

《接続詞としてのuntil[till]》

（ケロは成功するまで挑戦し続けた）

* keep doing「〜し続ける」

as（〜につれて）

asは短い単語ながら、いろいろな意味をもっているよ。「接続詞」としてはもちろん、「副詞」や「前置詞」としても機能するんだ。

接続詞としてのasには「〜につれて」という意味があるんだよ。この接続詞のasが含まれた文を見ておこう。

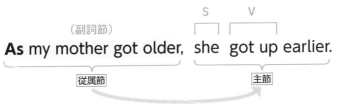

（母は年を重ねるにつれて、早起きをするようになった）

* get up「起きる」

as soon as ... (〜するとすぐに)

　次は、**as soon as** という表現だよ。ケロは、soonがどういう意味か知ってるかな？

「映画の予告編などで、Coming soonってよく見るよ！　『間もなく』って意味じゃないかな？」

　その通り！　Kero will be back **soon.** （ケロは間もなく戻ります）のように副詞として使われるよね。as soon asは「as soon as ＋ S ＋ V」の形で、「SがVするとすぐに」という意味になるんだ。
　as soon asでひとつの接続詞と考えればいいよ。では、as soon as が含まれた文を見ておこう。

　　　　　　　　　　　　　　　　　S　　V　　　　　O

（副詞節）

As soon as I entered the room, I noticed the smell of gas.

　　　　従属節　　　　　　　　　　　　　主節

「従属節」が副詞的に「主節」を修飾

（その部屋に入ったとたん、私はガスの臭いに気がついた）

> as ... as 〜には、もともと「〜と同じくらい…」という意味があるよ。Kero is as kind as his mother (is). （ケロは彼の母親と同じくらい親切だ）のように使うよ。

③「原因、理由」を表す接続詞＋節

接続詞sinceは、「～して以来（ずっと）」という意味だけでなく、「～なので」と理由を表すときもあるんだ。このように、「原因、理由」を表す接続詞のグループを見ていこう。

since（～なので）

sinceを「原因、理由」の意味で使うときは、次のように文頭に置くことが多いんだよ。

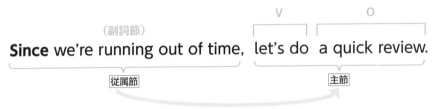

（時間が差し迫ってきましたので、さっとおさらいしましょう）

* run out of ...「～がなくなる、使い果たす」quick「手短な」

because（～なので）

原因や理由を表す接続詞として、ケロにもなじみがあるのはbecauseじゃないかな。次の文を見て。

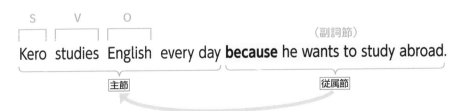

（留学したいので、ケロは毎日英語の勉強をしています）

302

every day は「毎日の」と形容詞で使うときは everyday と 1 語で表すんだけど、「毎日」という「副詞」の意味で使うときは 2 語で表すから注意してね。

 「since は『時』と『原因、理由』両方の意味があるのか。 もしかして、because も同じように両方の意味があるの？」

because には「原因、理由」以外の意味はないんだよ。

いっとうりゅう
一刀流の because

原因、理由「〜なので」

拙者は because でござる。
この一太刀で勝負！

にとうりゅう
二刀流の since

①時「〜して以来（ずっと）」

②原因、理由「〜なので」

 「へえ、because は『原因、理由』の達人みたいな接続詞なんだね」

そうだね。「原因、理由」を表す強さでいえば、because が一番なんだ。

ちなみに、since は「接続詞」としても「前置詞」としても使えるけれど、because は接続詞としてしか使えないんだよ。代わりに、because of の 2 語で前置詞のような働きをするんだ。Because of the rain, we had to cancel it.（雨のせいで、私たちはそれをキャンセルしなければならなかった）のように使うよ。

as（〜なので）

次に取り上げる「原因、理由」を表す接続詞は as だよ。

 「as といえば、前に『時』を表す接続詞って習ったような……」

その通り。「〜につれて」という意味だったよね（→p.300）。
as は驚くほど多くの意味を持つ単語で、「〜なので」という「原因、理由」を表す一面も持っているんだよ。

```
                                  S V      C
                              （副詞節）   ┌┐┌┐ ┌──────────┐
As I stayed up late last night, I'm very sleepy today.
└──────────────────────────┘ └──────────────────────┘
           従属節                      主節

         「従属節」が副詞的に「主節」を修飾
```

（昨夜遅くまで起きていたので、今日はとても眠いです）

> night（夜）という名詞に形容詞 last がセットになって、last night（昨夜）になるときは前置詞をつけないから注意してね。

now that ... (今はもう〜なのだから)

さて、ここで質問。nowという単語にはどんな意味があるかわかるかな？

 もっちろん！ 「今」だよね。

正解！ Kero is talking on the phone **now**.（ケロは今、電話で話し中です）のように時を表す「副詞」としてよく使われているね。

そんなnowだけど、「**now that ...**」の形で「**今はもう〜なのだから**」という意味の接続詞として使うこともできるんだ。

次の文を見てみよう。

S　　　V

（副詞節）
Now that the game is over, we have to focus on the next game.

従属節　　　　　　　　　　　　　　　　　　主節

「従属節」が副詞的に「主節」を修飾

（今はもうこの試合は終わったのだから、私たちは次の試合に集中しないとね）

* *be* over（終わって）
have to *do*（〜しなければならない）
focus on ...「〜に集中する」

> now thatのthatは省略ができるよ。ちなみに、overは副詞だけど、*be* overの形で使われるときは、形容詞的に用いられるよ。

④「目的」を表す接続詞＋節

so that A ...（Aが〜するように）

　副詞 so は、接続詞の that と結びつくと、so that A ...の形で「Aが〜するように」という「目的」の意味をもつんだよ。

　それでは、so that が含（ふく）まれた文を見てみよう。

Kerozo studied hard **so that** he could study abroad.

「ケロゾーは熱心に勉強した／とても／that…。あれ？　so って本当にこの位置でいいの？　so hard じゃないの？」

　副詞 so（とても）が副詞 hard（熱心に）を修飾（しゅうしょく）すると思ったんだね。だけど、so の位置は間違（まちが）っていないんだよ。so という単語は少し語順（ちが）違うだけで、意味がかなり変わってしまうんだ。

　so hard that ... などの**so 〜 that A ...** が「とても〜なのでAは…だ」という「結果」を表すのに対して、**so that A ...** は「Aが〜するように」という「目的」の意味を表すんだ。比（くら）べてみるとよくわかるよ。

《結果》Kerozo studied **so** hard **that** he could study abroad.
　　　（ケロゾーは**とても**熱心に勉強した**ので**、留学（りゅうがく）できた）

《目的》Kerozo studied hard **so that** he could study abroad.
　　　（ケロゾーは留学できる**ように**、熱心に勉強した）

> 「結果」を表す用法の場合、so のうしろには hard のような副詞か形容詞がくるよ。

306

それでは本題の「目的」を表す so that A ... について詳しく見ていこう。

《目的》

S　　　 V　　　　　　　　　　　　　　（副詞節）

Kerozo　studied　hard **so that** he could study abroad.

主節　　　　　　　　　　　　　　　 従属節

「従属節」が副詞的に「主節」を修飾

（ケロゾーは留学できるように、熱心に勉強した）

上の文では、that 節の中に can[could] という助動詞が含まれているね。**so that A can do** の形で「**A が〜できるように**」という意味になるんだ。また、can 以外にも助動詞の will や may を使う場合もあるんだよ。あと、so that の that は省略することもできるよ。

助動詞がくる

Kerozo studied hard so (that) he could study abroad.

that は省略できる

また、**so that A can do** には **in order that A can do** という丁寧な言い方があって、Kerozo studied hard **in order that** he **could** study abroad. のように使うんだ。

in case ... (〜する場合に備えて、万一〜するといけないので)

さて、ここで一つ質問。caseという単語を見て、ケロは何を思い浮かべる？

 「caseって、『ケース』のことだよね。何かを入れる容器のことでしょ？」

その通り。でも、名詞caseには、「容器」とはまったく違う意味もあるんだ。in this case（この場合）のように、「場合、状況」といった意味で使うことがあるんだ。このcaseをin caseの形で接続詞的に使うと「〜する場合に備えて、万一〜するといけないので」という意味になるよ。

次の文を見てみよう。

```
        V        O                    （副詞節）
Prepare yourself in advance in case an unexpected thing happens.
        主節                              従属節
```

「従属節」が副詞的に「主節」を修飾

（予期せぬことが起こる場合に備えて、あらかじめ準備しておくように）

＊in advance「あらかじめ、前もって」

> unexpected「予期しない」は形容詞として名詞（thing）を修飾しているよ。

in caseが導く副詞節の中では、未来のことも現在形で表すのがルール。だから、上の文でもwill happen ではなく、happensとなっているんだ。

308

⑤「結果」を表す接続詞＋節

④で少し触れた「結果」を表す so 〜 that A ... について見ていこう。

```
    S         V
Kerozo studied so hard that he could study abroad.
```
（副詞節）

主節　　　　　　　　　　　　従属節

「従属節」が副詞的に「主節」を修飾

（ケロゾーはとても熱心に勉強したので、留学できた）

　so 〜 that A ...の形で、「とても〜なので（その結果）A は…だ」という意味になるよ。so が修飾するのは「〜」の部分で、ここには形容詞か副詞がくるんだ。この文では so が hard（熱心に）という副詞を修飾しているよね。

　では、次の文ではどうだろう。

```
    S    V    C
His joke was so funny that I couldn't stop laughing.
```
（副詞節）

主節　　　　　　　　　　従属節

「従属節」が副詞的に「主節」を修飾

（彼のジョークがとても面白かったので、私は笑いが止まらなかった）

この文では副詞soが形容詞funny（面白い）を修飾しているんだ。ここまでの2つの文では従属節に助動詞（couldやcouldn't）が含まれていたけれど、次のようにthat以下に助動詞が含まれないこともあるよ。

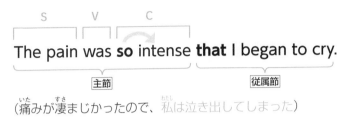

（痛みが凄まじかったので、私は泣き出してしまった）

＊ intense「凄まじい」

ところで、so ～ that A ...「とても～なので（その結果）Aは…だ」では、「～」の部分が形容詞や副詞だったけど、「形容詞＋名詞のかたまり」を修飾したいときは、such（a/an）～の形になるんだよ。

次の文を見てみよう。

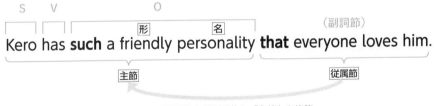

（ケロはとてもフレンドリーな人柄なので、みんな彼が大好きだ）

この文は「such (a/an)＋形容詞＋名詞＋that A ...」の形で「とても～な〇〇（名詞）なので（その結果）Aは…だ」という意味の文になっているんだ。

⑥「条件、仮定」を表す接続詞＋節

「もし明日雨なら、遠足は中止です」のような「条件」や「もし自分が英語の
ネイティブスピーカーだったら」のような「仮定」を表すときの代表的な接続詞
がifなんだ。

 「あれ？　ifって、Lesson 17の名詞節で『〜かどうか』という意味で習っ
たような……」

よく覚えていたね！ ifは「名詞節」を導いて、O（目的語）になることができ
るんだったよね。

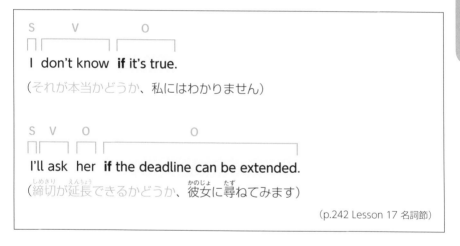

```
  S      V           O
 ┌┐ ┌──────┐ ┌────────┐
 I don't know  if it's true.
```
（それが本当かどうか、私にはわかりません）

```
  S    V    O              O
 ┌┐ ┌──┐ ┌──┐ ┌────────────────────┐
 I'll ask  her  if the deadline can be extended.
```
（締切が延長できるかどうか、彼女に尋ねてみます）

（p.242 Lesson 17 名詞節）

ここでは、接続詞のifが副詞節を導く文について見ていくよ。

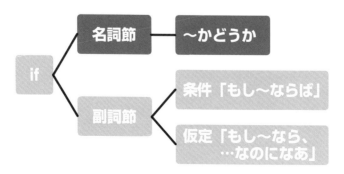

if《条件》「もし〜ならば」

ケロ、最近よく図書室で本を読んでるんだってね。何か面白い本でもあったの？

「うん、日本語に訳された本だけど、アガサ・クリスティのミステリー小説を読んでるよ。オイラ、いつかイギリスに留学してみたいなあ」

イギリスに留学したいのなら、IELTS（アイエルツ）という試験を受ける必要があるね。では、そんなケロへの助言を接続詞ifを使って表してみるね。

（副詞節）

If you want to study in the UK in the future,

従属節

S   V   O

「従属節」が副詞的に
「主節」を修飾

you'll need to take the IELTS test.

主節

（もし将来イギリスで学びたいのなら、IELTS テストを受ける必要があります）

このように、接続詞のifは「もし〜ならば」という「条件」を表すんだよ。

「in the future（将来）がついているのに、will want toのような未来形にはならないんだね」

そうなんだ。「条件」を表すifが導く副詞節の中では、未来のことも現在形で表すというルールがあるんだよ。だから、現在形のwantになっているんだ。

> ちなみに、ifが導く名詞節の中ではwillを使えるよ。例えば、I don't know if the plan will work.（その計画がうまくいくかどうか、私にはわからない）のようにね！　このときのifは「〜かどうか」という意味だよ。

if《仮定》「もし〜なら、…なのになあ」

「ふう……」

ケロ、どうしたの？ 急にため息なんかついちゃって。

「頭がこんがらがってきちゃったよ。もしオイラが賢かったら、こんなに苦労しないのかなあ」

「もし〜なら、…なのになあ」って思う気持ち、すごくわかるよ。誰もが思うことじゃないかな。そんな気持ちを英語で表すときは、「仮定」を表す if を使うといいんだよ。次の文を見てみよう。

「従属節」が副詞的に「主節」を修飾

従属節

（副詞節）

主節

S　　V　　　　O

If I were smart, I could learn English more easily.

↑動詞の過去形　　　　↑助動詞の過去形＋動詞の原形

（もし僕が賢かったら、もっと簡単に英語が習得できるのになあ）

　このように、現在の事実とは異なることについて「もし〜なら、…なのになあ」と仮定することは「仮定法過去」と呼ばれていて、「If ＋ S ＋ V（過去形）〜, S ＋ V（助動詞の過去形＋動詞の原形）...」という形で使うのが基本なんだよ。

「あれ？ 主語が I なのに、動詞が were だと変じゃない？ was じゃないの？」

現在の事実に反することを言う場合、ifが導く節の中の動詞は「現在形→過去形」のように、時制^{じせい}を一つ前にずらすというルールがあって、be動詞の場合は主語がIでもwereを使うのが基本^{きほん}とされているんだよ。

「仮定法過去^{かていほうかこ}」と呼^よばれていても、仮定している内容は「（今）もし僕^{ぼく}が賢^{かしこ}ければ」という現在のことである点に注意しよう。

> 口頭ではwasが使われることもあるよ。

また、仮定している内容が「（あの時）〜だったら、…だったのになあ」と過去の事実に反することを言う場合は、「If＋S＋V（過去完了形）〜, S＋V（助動詞の過去形＋have＋過去分詞）...」という形で表すのが基本なんだ。このような文は「**仮定法過去完了**」と呼ばれているんだよ。次の文を見てみよう。

「従属節」が副詞的に「主節」を修飾

| 従属節 | 主節 |

（副詞節）　S　V　C

If I had studied medicine, I would have been a surgeon.
　　　↑過去完了形　　　　　　　↑助動詞の過去形＋have＋過去分詞

（もし医学^{いがく}を勉強していたら、私^{わたし}は外科医^{げかい}になっていただろうに）

この文では「医学を勉強していなかった」という過去の事実に対して、「医学を勉強していたら、外科医になっていただろうに」と述^のべているんだよ。

suppose（仮に〜としたら）

　意外な単語にもifと同じ「仮定」の意味があるんだ。それが**suppose**だよ。
supposeは動詞で「（おそらく）〜だと思う」という意味もあるんだけど、**「仮
に〜としたら」**という接続詞的な意味もあるんだ。ifよりも丁寧な言い方なんだよ。

「接続詞的にということは、やっぱりうしろに『S＋V』がくるという
こと？」

　その通り！　「**suppose＋S＋V〜**」の形で使うんだ。次の文を見てみよう。

（仮にあなたが日本の総理大臣ならば、どんなふうに国を変えますか）

「supposeでもifのときと同じように過去形を使うんだね」

　そうなんだ。これも現在の話だから**「仮定法過去」**になっているんだ。だから、
「**suppose＋S＋V（過去形）〜, S＋V（助動詞の過去形＋動詞の原形）...**」の
ように、supposeのあとの動詞には過去形を使っているんだよ。

ただし、次のように動詞の現在形が使われる場合もあるんだ。

現在形　　（副詞節）

Suppose Kero is absent from the meeting,

従属節

S　　　V　　　　O

「従属節」が副詞的に
「主節」を修飾

who　will make　the presentation?

主節

(仮(かり)にケロがミーティングを欠席するとしたら、誰(だれ)がプレゼンテーションをする
のだろう)

＊ *be* absent from ... 「〜を欠席する」

「『仮にあなたが日本の総理大臣(そう り)ならば』のときは、Suppose you
were the Prime Minister of Japan …になっていたけど、上の文では
仮定法(か てい)過去（Suppose Kero were absent …）にはなっていないね」

　これは話し手や書き手が、supposeが導く従属節の内容が実際(じっさい)に起きると思っ(みちび)
ているかどうかの違(ちが)いなんだよ。さっきは、話し手が「あなたが日本の総理大臣
になることはないだろう」と思っているので、仮定法を使っているんだ。上の文
では、「ケロがミーティングを欠席する」可能性(か のうせい)があると思っているから、仮定
法を使っていないんだよ。

比(くら)べてみよう！
supposeが導く節の時制(じ せい)はどうなる？

間違いやすいから、
気をつけよう！

・現実(げんじつ)的でない内容のとき→過去形（仮定法）

・可能性がある内容のとき→現在形

そのほかの条件や仮定を表す表現

 「それにしても、suppose が if と同じように接続詞的に使われるって意外だったなあ」

実は、suppose に -ing をつけた **supposing** も「仮に〜としたら」という意味の接続詞として使えるんだよ。

 「えっ、そうなの!?」

動詞の provide や assume も、同じように接続詞として使えるんだ。「〜を提供する」という意味でおなじみの provide は、**provided (that) ...** もしくは **providing (that) ...** で、「〜という条件ならば」という意味の接続詞になるし、「〜と仮定する」という意味を持つ動詞 assume は、**assuming (that) ...** で「〜と仮定すると」という意味で、接続詞的に使うことができるんだよ。

provided [providing] (that)(〜という条件ならば)

S	V	O	（副詞節）

We currently offer a 10% discount **provided [providing]**

（主節）　　　　　　　　　　　　　　　　　（従属節）

(that) you pay in cash.　　「従属節」が副詞的に「主節」を修飾

（現金でのお支払いという条件で、現在当店では 10% 割引を提供しております）

> 従属節の条件（＝現金でのお支払い）を満たせば、どういう好ましいことがあるか（＝10% 割引）を主節で伝えているよ。

第3章

レッスン19　副詞節

assuming (that) ... (〜と仮定すると)

（副詞節）

S V

Assuming (that) it's true, he'll be arrested soon.

従属節 ← 主節

「従属節」が副詞的に「主節」を修飾

（それが本当だとすると、彼は間もなく逮捕されるだろう）

* arrest「〜を逮捕する」

provided[providing] (that) や assuming (that) の that は省略できるよ。ちなみに、これらの表現の場合は that 節の中で仮定法を使わないのがルールだよ。

unless (〜しない限り)

否定の意味を含む接続詞 unless について見ていこう。

S V

（副詞節）

The event will be held at Hibiya Park **unless** it rains.

主節 従属節

「従属節」が副詞的に「主節」を修飾

（雨が降らない限り、その催しは日比谷公園で開催されます）

* hold「〜を開催する」動詞の活用 hold-held-held

副詞 never が「決して〜ない」という否定の意味を含んでいたのと同じように、unless も「〜しない限り」という否定の意味が含まれているんだよ。ちなみに、unless も「条件」を表す接続詞だから、unless 節の中の動詞は未来のことでも現在形になるんだよ。

unless it will rain とは言わないよ！

⑦「譲歩」を表す接続詞＋節

ここでは「譲歩」を表す接続詞について学んでいくよ。

「譲歩って、なに？」

　日本語で「譲歩」は、「譲る」という言葉が含まれていることからもわかるように、交渉などの場で相手側のことをよく考えて一歩引き下がることを指すんだ。

　だけど、英語の譲歩（concession）は、これとは少し意味が違って、「（敗北や真実）を（仕方なく）認めること」という意味があるんだ。

　「たとえ〜であっても、…だ」「〜だけれども、…だ」のような表現が「譲歩」だと考えよう。

although [though]（〜だけれども）

　英語を学んでいると、よく似たつづりの単語が出てきて、どんな意味だったか迷ってしまうことはないかな。次の4つの単語も、実にまぎらわしいよね！

・thought 動 think（考える）の過去形・過去分詞 名 考え
・thorough 形 徹底的な
・through 前 〜を通して
・though 接 〜だけれども、〜であるにもかかわらず

ここで取り上げるのは、接続詞のalthoughだよ。
では、次の文を見てみよう。

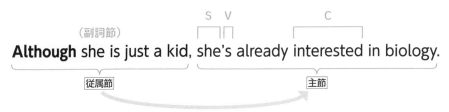

（副詞節）
Although she is just a kid, she's already interested in biology.

従属節　　　　　　　　　　　　　　　　　主節

「従属節」が副詞的に「主節」を修飾

（彼女はまだほんの子供だけれども、生物学にすでに関心を持っている）

> althoughの代わりにthoughを使うこともできるよ。
> althoughのほうがかしこまった単語だよ。

　この文は、「[従属節で述べられる事実]にもかかわらず、[主節の内容]だ」という意味合いで、接続詞のalthoughが導く従属節が副詞節として、主節の内容を際立たせているんだよ。

even though（たとえ〜であっても）

　ケロは、evenという単語を知ってるかな？

 「evenって、『試合がイーブンだった』みたいに、スポーツなんかでよく聞く言葉と同じもの？」

　evenには形容詞で「互角の、五分五分の」という意味があるけれど、副詞として「〜でさえ」というほかの言葉を強調する意味もあるんだ。
　even thoughの形で「たとえ〜であっても；〜ではあるが」という意味になるんだよ。では、次の文を見てみよう。

（副詞節）

Even though you don't attend the workshop,

従属節

S　　　　　　V　　　　　　O

I'm not going to blame you.

主節

「従属節」が副詞的に
「主節」を修飾

（たとえあなたがワークショップに出席しなくても、責めたりはしませんよ）

＊ attend「〜に出席する」

　ここでは、「［従属節で述べられる事実］が生じても、［主節の内容］だ」という意味合いで、接続詞の even though が導く従属節が副詞節として、主節の内容を際立たせているんだね。

> even if「たとえ〜だとしても」も同じような意味を表すよ。even though のほうがかしこまった言い方だよ。

whether or not A = whether A or not（Aであろうとなかろうと）

 「whetherってたしか、『〜かどうか』っていう意味があったよね？」

そうそう。あれは「名詞節」になるwhetherの使い方だったね（→p.233）。

名詞節になるwhether

・whether A or not（Aかどうか）

・whether A or B（AかBか）

　It doesn't matter **whether** it's true or not.

　（それが本当かどうかは重要じゃない）（→p.239）

同じwhetherでも、ここで学ぶのは、次のような「副詞節」を導くwhether だよ。

（あなたがワークショップに出席しようがしまいが、配布資料はもらえますよ）

「whether or not S＋V〜」で「SがVしようがしまいが」という意味になるんだよ。つまり、上の文は「出席してもしなくても、配布資料はもらえる」ということだね。

 「whetherは名詞節で使うときと、副詞節で使うときでは、意味が違うんだねえ」

同じ単語だから、まぎらわしいよね。でも、文の中で置かれる場所をきちんと見抜けば、大丈夫！「名詞節」は文の要素であるS（主語）、C（補語）、O（目的格）になれるけど、「副詞節」は「副詞」と同じ役割なので、文の要素にはならないんだよ。

「副詞はなくても文は成り立つ」って、最初のほうで学んだよね（→p.42）。副詞節の場合も同じように考えられるよ。

また、「譲歩」を表すwhether節の中では、未来のことも現在形で表すので、注意しよう。

（副詞節）　現在形
Whether you agree **or not**, I'll join the team.

従属節　　　　　　　主節

（あなたが賛成しようがしまいが、私はそのチームに加わります）

Whether you will agree or notとは言わないよ。

「条件・仮定を表すifのときと同じルールなんだね」

whether *A* or *B*「*A*であろうと*B*であろうと」の文も見ておこう。

（副詞節）
Whether you choose an iPhone **or** Android phone,

従属節

S　　　V　　　O

「従属節」が副詞的に
「主節」を修飾

you can use the app.

主節

（アイフォンを選ぼうがアンドロイドスマホを選ぼうが、そのアプリを使うことができます）

⑧「譲歩」を表す複合関係詞＋節

who/which/what/how/where/whenにeverを添えた複合関係詞も、「譲歩」の副詞節を導く働きがあるんだ。

who			
which			
what	+	ever →	複合関係詞となり、
how			譲歩の副詞節を導く
where			
when			

また、いずれも次のように「no matter ＋〜」で言い換えることができるんだ。

whoever 代 誰が〜をしようとも
＝no matter who

whichever 代 どちら [どれ] を〜しても 形 どちらの…を〜しても
＝no matter which

whatever 代 たとえ何を〜でも 形 たとえどんな〜でも
＝no matter what

however 副 どんなに〜でも
＝no matter how

wherever 接 たとえどこへ〜しても
＝no matter where

whenever 接 たとえいつ〜しても
＝no matter when

それでは、ひとつひとつ見ていくことにしよう。

whoever （代 誰が〜をしようとも）

《who + ever》の形である **whoever** の文を見てみよう。

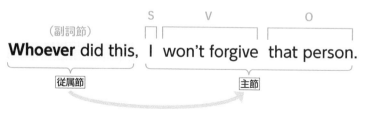

（副詞節）
Whoever did this, I won't forgive that person.

S | V | O

従属節　　　　　　主節

「従属節」が副詞的に「主節」を修飾

（これをしたのが誰であれ、私はその人物を許しません）

「whoeverは品詞としては代名詞なのに、まるで接続詞みたいに節を導くんだね」

　その通り。「節」と「節」を結びつける接続詞がないように見えるけど、実は whoever が二つの節をつなぐ役割をしているんだよ。

whichever （代 どちら［どれ］を〜しても　形 どちらの…を〜しても）

《which + ever》の形である **whichever** を見ていこう。「代名詞」もしくは「形容詞」として使うことができるから、2パターンの使い方があるよ。

《代名詞のとき》

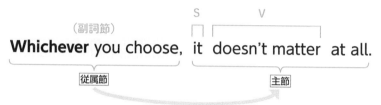

（副詞節）
Whichever you choose, it doesn't matter at all.

S | V

従属節　　　　　　主節

「従属節」が副詞的に「主節」を修飾

（どちら［どれ］を選んでも、全然かまいませんよ）

＊ not ... at all「全然〜ない」

《形容詞のとき》

（副詞節）

$\overbrace{\text{Whichever choice you make,}}^{\text{従属節}}$ $\overbrace{\underset{\text{S}}{\text{I'll}}\ \underset{\text{V}}{\text{support}}\ \underset{\text{O}}{\text{you.}}}^{\text{主節}}$

「従属節」が副詞的に「主節」を修飾

（どちらの選択肢をあなたが選んでも、私はあなたを応援します）

代名詞のときは「whichever ＋ S ＋ V」の語順になって、whichever は V（ここでは choose）の目的語に相当しているよ。形容詞のときは「whichever ＋名詞＋ S ＋ V」の語順だよ。

Whichever choice you make,
I'll support you.

whatever （代 たとえ何を〜でも　形 たとえどんな〜でも）

　次に、《what＋ever》の形である **whatever** を見ていこう。whatever も「代名詞」「形容詞」として使うことができるから、2パターンあるよ。

《代名詞のとき》

（副詞節）
　　　　　　　　　　　S　V

Whatever happens, I'll be there for you.

従属節　　　　　　　　　主節

「従属節」が副詞的に「主節」を修飾

（たとえ何が起ころうとも、あなたのそばにいますよ）

（副詞節）
　　　　　　　　　　　　　　　　　S　　V　　　　O

Whatever you're going to study, it will help you in the future.

従属節　　　　　　　　　　　　　　主節

「従属節」が副詞的に「主節」を修飾

（たとえこれから何を学ぼうとも、それは将来あなたの助けになりますよ）

《形容詞のとき》

（副詞節）
　　　　　　　　　　　　　　　　　　V　　　　　　　O

Whatever obstacles you face, don't give up on your dreams.

従属節　　　　　　　　　　　　　　主節

「従属節」が副詞的に「主節」を修飾

（たとえどんな障害に直面しようとも、夢をあきらめないで）

＊ give up on ... 「〜をあきらめる、〜に見切りをつける」

第3章

レッスン19　副詞節

327

however （ 副 どんなに〜でも）

次に《how＋ever》の形であるhoweverを見ていこう。

 「howeverって、『しかしながら』という意味じゃなかった？」

それは、but（しかし）と同じような「逆接（ぎゃくせつ）」の意味で使うhoweverだね。それ以外にも、「however＋形容詞［副詞］＋S＋V」の形で使うこともあるんだよ。

《うしろに形容詞がくる場合》

（副詞節）

However tired you are, remove your makeup before sleeping.
　　　　　　　　　　　　　　V　　　　O

従属節　　　　　　　　　　　　　　　主節

「従属節」が副詞的に「主節」を修飾

（どんなに疲（つか）れていても、眠（ねむ）る前にお化粧（けしょう）を落とすこと）

《うしろに副詞がくる場合》

（副詞節）

However hard I tried to persuade him, he didn't forgive her.
　　　　　　　　　　　　　　　　　　　　S　　V　　　O

従属節　　　　　　　　　　　　　　　　　主節

「従属節」が副詞的に「主節」を修飾

（どんなに私（わたし）が彼（かれ）を熱心に説得（せっとく）しても、彼は彼女（かのじょ）を許（ゆる）さなかった）

```
wherever  （接 たとえどこへ～しても）
whenever  （接 たとえいつ～しても）
```

最後は《where＋ever》の形をとる**wherever**と《when＋ever》の形をとる**whenever**を取り上げよう。これらの接続詞は、次の文のように譲歩の副詞節を導くよ。

・**wherever（たとえどこへ～しても）**

（たとえどこへ旅しても、地元の人たちとの会話を楽しみます）

・**whenever（たとえいつ～しても）**

（たとえいつ始めても、遅すぎるということは決してない）

⑨「範囲」を表す接続詞＋節

「as＋副詞＋as」の形で、接続詞的に用いることができる表現（ひょうげん）を見ていこう。

  「asとasに挟（はさ）まれた表現」といえば、前に出てきたas soon as（〜するとすぐに）みたいなもの？」

それは「時」を表す表現だったね（→p.301）！ここでは「範囲」を表す表現について学んでいこう。

as far as …（〜の限（かぎ）りでは）

as … as の表現の一つが、「範囲」を表すas far asだよ。farは「遠くへ」という意味を持つ副詞で、as far asという形になると、**「〜の限りでは」**という接続詞的な意味になるんだ。次の文を見てみよう。

as far as I know
知っている範囲

（副詞節）
As far as I know, no one was injured in the accident.

従属節 ──→ 主節

（S = no one、V = was injured）

「従属節」が副詞的に「主節」を修飾（しゅうしょく）

（私（わたし）の知る限り、その事故（じ こ）でケガをした人はいなかった）

as far asは、「範囲」を限定（げんてい）する表現なんだ。この文は、「もしかしたら事故でケガをした人がいるかもしれない。でも、自分の知っている限りではいなかった」ということを意味しているんだよ。

as long as ...（〜する間は）

　as ... asの形で「範囲」を限定する表現はもう一つあるんだ。副詞long（長く）を使ったas long asという表現だよ。これも、as far as と同じように接続詞的に用いて、**「〜する間は」**という意味で「期間」を限定するんだよ。

「従属節」が副詞的に「主節」を修飾

（好きなだけここにいていいですよ）

you likeのうしろにはto stay hereが省略されていると考えるとわかりやすいよ。

as long as you like (to stay here)
（あなたがここにいたいと思っている間だけ）

《as＋原級＋as ...》は「…と同じ程度に〜」の意味だから、文字通り訳すと「あなたがここにいたいと思っているのと同じ程度に長く」という意味だよ。

as long asはこのような「期間の限定」以外に、「～でありさえすれば」という「条件」を表すこともあるよ。

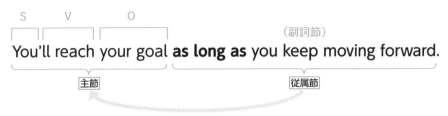

You'll reach your goal **as long as** you keep moving forward.

「従属節」が副詞的に「主節」を修飾

（前進し続けてさえいれば、あなたは目標に到達できるでしょう）

＊ keep *doing*「～し続ける」

move forward「前進する」

この「条件」を表すときのas long asは、only ifで言い換えが可能だよ。

You'll reach your goal **as long as** you keep moving forward.

You'll reach your goal **only if** you keep moving forward.

「従属節」が副詞的に「主節」を修飾

オイラも
前進し続けるぞ！

⑩「副詞節」が「副詞句」になる！ 分詞構文（ぶんしこうぶん）

英語を学んでいく上で、おそらく最も難しい項目（こうもく）の一つが「分詞構文」と呼（よ）ばれるこの用法だよ。「節」と「節」同士を結ぶのは接続詞だと学んだけれど、接続詞を使わず、少し形を変えて結ぶことができるんだ。それが分詞構文だよ。

分詞構文は、次のように形を変えるんだよ。

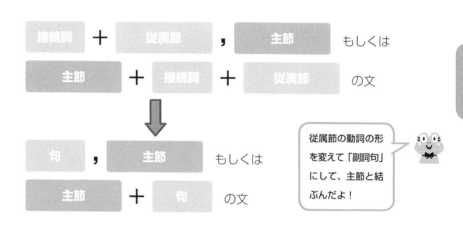

接続詞 ＋ 従属節 ， 主節 もしくは

主節 ＋ 接続詞 ＋ 従属節 の文

↓

句 ， 主節 もしくは

主節 ＋ 句 の文

> 従属節の動詞の形を変えて「副詞句」にして、主節と結ぶんだよ！

まずは、「分詞」についておさらいしておこう。
ケロ、「分詞」って、どんなものだったか覚えているかな？

「『分詞』……何かを分けるようなことばだっけ？？」

おや、どうやらすっかり忘れてしまったようだね。「分詞」は、**「動詞」と「形容詞」の役割（やくわり）を併（あわ）せ持っている存在（そんざい）**で、次のように2つの種類があるんだったね。

・現在分詞（動詞の-ing形）→「（自ら）〜している」という能動的（のうどう）な意味

・過去分詞（動詞の-ed形）→「〜された」という受け身、もしくは「〜した」という完了の意味

Lesson 15 形容詞句 (→p.175) では、「分詞＋語句」が名詞を修飾するケースについて学んだけれど、今回学ぶのは**分詞が「(従属) 節」を「句」にして、主節を修飾する**というものだよ。

「分詞を使って『節』を『句』に？　オイラ、チンプンカンプンだよ」

分詞構文を理解するには、「句」と「節」の違いを知っておく必要があるんだ。「節」はLesson 17-19でこれまで学んできたように、「S＋Vを含むかたまり」だったね。では、「句」はどんなものだったかな？

「不定詞みたいなのが『句』だったっけ？」

不定詞も「句」の一つだね。例えば、I came here to meet you. (あなたに会うためにここに来ました) のto meet youの部分が「句」だね。「句」は2つ以上の単語からなるかたまりで、「S＋V」は含まないんだ。to meet youの部分を見ると、「S＋V」は含まれていないから、「句」になるわけだね。

「句」と「節」の違いを確認したところで、いよいよ分詞構文について学んでいこう。次の文を見てみよう。

When I was swimming in the pool, I almost drowned.
(プールで泳いでいたとき、私はあやうくおぼれるところだった)

上の文は、「**従属節**」＋「**主節**」からなる文だね。分詞構文は、この文の従属節を「句」にして、文全体を修飾するんだよ。

「『節』を『句』にするなんて、そんな魔法のような技があるの？」

ヒントは、「**共通するところは一つに絞れ！**」だよ。「従属節」と「主節」の両方には共通している単語があるんだけど、どれかわかるかな？

　　　「I が両方の節に出てきてるね」

　その通り。主語であるI（私は）が共通しているね。まずは、そこを一つに絞ってしまおう。「主節」はメインとなる主役だから、「主節」の I は残して、「従属節」の I を削ってしまおう。

削る
（副詞節）

When ~~I~~ was swimming in the pool, I almost drowned.

｜＿＿＿＿＿＿＿＿＿＿＿＿｜　　｜＿＿＿＿＿＿＿＿＿＿｜
　　　　従属節　　　　　　　　　　主節

　共通する「主語」を一つに絞ったところで、今度は「従属節」の中に入っている、**「接続詞」**も削ってしまおう。

削る

~~When I~~ was swimming in the pool, I almost drowned.

｜＿＿＿＿＿＿＿＿＿＿＿＿｜　　｜＿＿＿＿＿＿＿＿＿＿｜
　　　　従属節　　　　　　　　　　主節

　　　「そうなると、wasが一番前にくるね。でも、そうすると、疑問文みたいになっちゃうよね？」

　そうだね。wasを文頭にそのままの形でもってくることはできないから、このwasを分詞にする必要があるんだ。では、wasを**現在分詞**にしてみよう。

（副詞句）

Being swimming in the pool, I almost drowned.

｜＿＿＿＿＿＿＿＿＿＿＿＿｜　｜＿＿＿＿＿＿＿＿＿＿｜
　　　　　　　　　　　　　　　　主節

> 「be動詞＋ing形」だからbeingになるよ。wasing（was＋ing）ではないよ。

せっかくBeingにしてもらったけど、このbe動詞は省略するんだ。つまり、swimmingが文頭に出てくることになるんだ。

省略
↓
（副詞句）
(Being) swimming in the pool, I almost drowned.

主節

↓

（副詞句）
Swimming in the pool, I almost drowned.

 「あっ、たしかに従属節のS（主語）とV（動詞）がなくなって、『節』ではなく『句』になっているね」

そのとおり！　つまり、「句」になった部分は「副詞句」として、主節を修飾しているんだ。　そして、元々あった接続詞のwhenはもうないけれど、「泳いでいたときに」というように「時」の意味が含まれているんだよ。

S   V
（副詞句）
Swimming in the pool, I almost drowned.

主節

「副詞句」として「主節」を修飾

> 「副詞句」は、「副詞」の役割を担える句のこと（→p.190）。副詞句は、動詞や形容詞だけでなく、ほかの副詞や文全体さえも修飾することがあるんだったね。分詞構文になっている上の文ではもともと主節だった「文」を修飾しているよ。

 「従属節の部分を副詞句に変化させて、文全体がコンパクトに短くなったよね」

336

　そう、コンパクトでスッキリしたよね。分詞構文は普段の会話よりも、書き言葉でよく使われるから、ケロがこれから洋書を読んだり、英語の記事を読んだりするときにきっと役に立つはずだよ。

　続いて、分詞構文に「過去分詞（＝動詞の-ed形）」が使われるケースを見ていこう。次の文を見て。

Surrounded by his fans, the actor walked the red carpet.
（ファンに囲まれながら、その俳優はレッドカーペットを歩いた）

　この文は過去分詞で始まる副詞句が、主節を修飾しているね。では、なぜ「過去分詞」になっていると思う？

　「たしか、**受け身的な意味のときは、過去分詞が使われる**んだよね？」

　その通り。「ファンに囲まれた」と、受け身的な意味だから、過去分詞が使われているんだね。

（副詞句）　　　　　　　　　S　　　　V　　　　O

Surrounded by his fans, the actor　walked　the red carpet.

主節

「副詞句」が「主節」を修飾

　では、この文がどのようにして、分詞構文になったのか見ていこう。

　今回は少し簡単に見ていくよ。「副詞句」の部分を接続詞を使った「副詞節」に言い換えるとすると、次のようになるよ。

While the actor was surrounded by his fans, the actor

従属節　　　　　　　　　　　　　　　　　　　　　主節

walked the red carpet.

（ファンに囲まれながら、その俳優はレッドカーペットを歩いた）

　whileは「〜しながら」という意味の接続詞だね。この接続詞whileと共通の主語であるthe actor、そしてbe動詞のwasを削ってしまおう。

この部分が削られている　　　　　　（副詞句）

~~While the actor was~~ Surrounded by his fans, the actor

文頭になるから、大文字になる

walked the red carpet.

　これで、分詞構文の完成だね。

　「ファンに囲まれながら、その俳優はレッドカーペットを歩いた」のように、主節と同時進行で起きている状況は**「付帯状況」**と呼ばれているよ。

　「分詞構文」は、もともと「副詞節」だったものを接続詞なしの「副詞句」で表現するということ。接続詞はなくなっても、その意味合いは副詞句の中に含まれているから注意してね。分詞構文の「句」は、文の内容に応じて「時」「付帯状況」「理由」などの意味を持つんだよ。

⑪独立分詞構文

When I was swimming in the pool, I almost drowned.の文
では、「主節」と「従属節」の主語がどちらとも I で一緒だから、「従
属節」の I を削ったよね。でも、主語はいつも一緒とは限らないもの。
例えば、次の文を見てみよう。

Because **it** was very hot, **I** turned on the air conditioner.

|_____従属節_____| |_____主節_____|

(すごく暑かったから、私はエアコンをつけた)

* turn on ... 「～をつける、オンにする」

この文は従属節の主語が it、主節の主語が I なので、主語が違うね。このように、
主語が違う場合でも、さっきと同じように、従属節を「節」から「句」にして、
分詞構文の文にすることができるんだ。

「でも、主節の主語は I だけど、従属節のほうは it だし……どうすれば
いいんだろう？」

主語が一緒じゃない場合は主語が削れないから、そのまま残しておく必要があ
るんだ。
でも、接続詞（because）は削って OK！ 接続詞を削った後は、be 動詞を現
在分詞にするんだよ。つまり、was を being にするわけだね。

接続詞を削る　being にする
　　↓　　　　　↓
~~Because~~ it ~~was~~ very hot, I turned on the air conditioner.

|_____従属節_____| |_____主節_____|

すると、次のような文になるね。

S V

It being very hot, I turned on the air conditioner.

主節

「副詞句」として「主節」を修飾

　これで完成だよ！　このような構文は「独立分詞構文」と呼ばれていて、

・「主節」と「従属節」の主語が一致しない
・従属節の主語と分詞化した動詞（上の文では being）は削らずに残す

という2つの点が分詞構文と違うんだ。でも、

・接続詞は削る。でも、「すごく暑かったから」のように削られた接続詞（ここでは because「理由」）の意味は含まれている

という点は同じなんだよ。

「そもそも、独立分詞構文って、いったいどんなときに使うの？」

　to be honest（正直に言って）のように慣用句的に使われる独立不定詞を覚えているかな（→ p.203）。独立分詞構文は、それと同じように慣用句的に使われたりするんだ。例えば、次のような文だね。

・weather permitting（天気が許せば）

（副詞句）

Weather permitting, the construction will be completed

主節

by the end of this week.

（天気が許せば、工事は今週末までには終わるだろう）

副詞句（＝ weather permitting）に主語に相当するweatherが残っているのは、主節の主語（the construction）と異なるからだね。

> weather permitting は接続詞 if（もし〜ならば）を使って、if the weather permitsと言い換え可能だよ。

　慣用句的に使われるのは weather permitting のような従属節の主語が残る「独立分詞構文」だけではなく、分詞構文にもあるんだよ。次の表現は知っておくと便利だよ。

例　慣用句的に使われる分詞構文

・considering ...（〜を考慮すると）

Considering her contribution, she deserves the award.
（彼女の貢献ぶりを考慮すると、その賞に値する）

> all things considered（すべてを考慮すると）という関連表現も併せて覚えておこう。この場合は、従属節の all things という主語が残っている形。

・judging from ...（〜から判断すると）

Judging from his facial expression, he seems to be hiding something.
（彼の表情から判断するに、何か隠し事があるようだ）

> seem to do は「〜するようだ」という意味。seem to be doing で「(今) 〜しているようだ」ということ。

・speaking of ...（〜と言えば）

Speaking of movies, what is your favorite movie?
（映画と言えば、お気に入りの映画は何ですか）

> frankly speaking（率直に言って）、generally speaking（一般的に言って）、strictly speaking（厳密に言って）も併せて覚えておこう！

目で見て理解

「目的」と「結果」用法の見極め方

「このレッスンで習った『so that ...』と『so 〜 that ...』って、形が似すぎて頭がこんがらがっちゃうよ」

このように覚えてはどうかな？

「目的」は近くて、「結果」は遠い。

「目的」のときは、soとthatはがっちりくっついていて、2つの単語の間には何も入らないから、近い。対して、「結果」のときは、soとthatの間に「形容詞」もしくは「副詞」が挟み込まれるので、soとthatが離れているね。

結果（とても〜なのでAは…だ）

Joe trained **so** hard **that** he could lift a barbell.

（ジョーは一生懸命にトレーニングしたので、バーベルを持ち上げることができるようになった）

目的（Aが〜するように）

Kero trained hard **so that** he could lift a barbell.

（ケロはバーベルを持ち上げられるよう、一生懸命にトレーニングした）

ここまでオイラたちと一緒に勉強してくれて、ありがとう！　これからも前進し続けようね！

第3章「節」 確認問題

下線部は、名詞節・形容詞節・副詞節のいずれかです。空欄に書き入れましょう。

1. What do you want to achieve <u>while you're alive</u>? （　　　）節

2. That is the hospital <u>where I was born</u>. （　　　）節

3. She knows <u>that he is innocent</u>. （　　　）節

4. I don't remember <u>whether I met Kero before</u>. （　　　）節

5. I have a dog <u>whose name is Gon</u>. （　　　）節

6. I still remember the moment <u>when I first saw you</u>. （　　　）節

7. <u>Even if you fail</u>, you will learn something from it. （　　　）節

8. <u>If you were an ant</u>, where would you like to go? （　　　）節

9. The fact is <u>that Meg was right</u>. （　　　）節

10. The cake <u>you made</u> was just amazing. （　　　）節

訳と解答

1. 生きている間に、何を成し遂げたいですか。（副詞）節

接続詞 while が導く節は「従属節」として「主節」を修飾している。「副詞」は文の主要な要素（主語・動詞・補語・目的語）にはならず、名詞以外を修飾する役割をもつ。副詞は省いても、文は成り立つ。while が導く節も文の主要な要素にはなっておらず（＝なくても文自体は成り立つ）、「主節」に情報を加えているだけである。したがって、「副詞節」であることがわかる。

2. あれが私が生まれた病院です。（形容詞）節

関係副詞 where が導く節がうしろから名詞（＝先行詞 hospital）を修飾している。名詞を修飾するのは「形容詞」の役割である。したがって、関係副詞 where が導く節も「形容詞節」である。

3. 彼女は彼が無実であることを知っています。（名詞）節

SVOの文。that が導く節は動詞 knows のO（目的語）に相当する。名詞と同等の役割をする節なので「名詞節」である。

4. 以前ケロに会ったことがあるかどうか、覚えていないんです。（名詞）節

SVOの文。whether が導く節は動詞 remember のO（目的語）に相当する。名詞と同等の役割をする節なので「名詞節」である。

5. 私はゴンという名前の犬を飼っています。（形容詞）節

所有格の関係代名詞 whose が導く節がうしろから名詞（＝先行詞 dog）を修飾している。名詞を修飾するのは「形容詞」の役割である。したがって、関係代名詞 whose が導く節も「形容詞節」である。

6. あなたに初めて出会った瞬間を今でも覚えています。（形容詞）節

関係副詞 when が導く節がうしろから名詞（＝先行詞 moment）を修飾している。名詞を修飾するのは「形容詞」の役割である。したがって、関係副詞 when が導く節も「形容詞節」である。

7. たとえ失敗しても、あなたはそこから何かを学ぶことでしょう。（副詞）節

「譲歩」の文。even if（たとえ～だとしても）が導く節は「従属節」として「主節」を修飾している。主節に情報を加える役割を担うのは「副詞節」である。

8. もしあなたがアリなら、どこへ行ってみたいですか。（副詞）節

「仮定法過去」の文。接続詞 if が導く節は「従属節」として「主節」を修飾している。主節に情報を加える役割を担うのは「副詞節」である。

9. 実のところ、メグが正しかったのです。（名詞）節

SVCの文。接続詞 that が導く節が文の中でC（補語）になっている。that が導く節は「名詞節」として、名詞と同等の役割を担うことができる。

10. あなたが作ってくれたケーキはとにかく素晴らしかったです。（形容詞）節

you made の前に目的格の関係代名詞 that が省略されている。関係代名詞 that が導く節は前の名詞（＝先行詞 cake）をうしろから修飾する役割を持つ。「名詞」を修飾する役割があるのは「形容詞」である。したがって、関係代名詞が導く節も「形容詞節」である。

まとめ

各レッスンの内容と例文をまとめました。
例文には音声（MP3）もついていますので、
復習や整理に使いましょう。

Introduction まとめ

・文には主語と動詞が欠かせない。主語は文の中で動作の主になり、動詞は主語がどうするのかといった動作を表す。

・目的語は動詞が狙いを定めた相手。

・補語は主語が何者なのかを言い表してくれる。

・英語は動詞が前に出てくる言葉。日本語は主語→目的語→動詞の語順になるのに対して、英語は主語→動詞→目的語の語順になる。

・英語にはS、V、O、Cからなる5つの文型がある。Sは主語、Vは動詞、Oは目的語、Cは補語のことを指している。これはそれぞれの英語の頭文字である。

・英語には語・句・節という言葉の単位がある。語はfrog（カエル）やbird（鳥）などの単語のことである。句はbeautiful birds（きれいな鳥）やin the pond（池で）などの2つ以上の単語からなる意味のかたまりのことである。句には主語と動詞が含まれない。節はKero swims in the pond and Joe catches fish. の　部分のように主語と動詞が含まれる2つ以上の単語からなる意味のかたまりのことである。

Lesson 1~8　まとめ

　Lesson 1から8では、品詞のキホンについて学びました。それぞれの品詞がどんな文の要素(ようそ)になるのか、きちんと理解(りかい)しておきましょう。

🔊 1

品詞		どんな文の要素になる？	例文
名詞	◎	S（主語） O（目的語） C（補語）	① Kero is a frog. ② I have a passport. ③ I am a frog.
動詞	◎	V（動詞）	④ I have a passport.　←一般動詞 ⑤ I am a frog.　←be動詞
形容詞	◎	C（補語）	⑥ I am happy.
副詞	×	文の要素にならない	⑦ Kero swims fast.
代名詞	◎	S（主語） O（目的語） C（補語）	⑧ She swims fast. ⑨ I trust him ⑩ That bag is mine.
前置詞	×	文の要素にならない	⑪ I swim in Hotaru pond.
冠詞	×	文の要素にならない	⑫ A frog is swimming.
接続詞	×	文の要素にならない	⑬ Kero cooks and Joe eats.

＊文の要素＝S（主語）、V（動詞）、O（目的語）、C（補語）

Lesson 9 時制のキホン　まとめ

　時制とは、動詞の形を変化させることによって、時間を表すことです。時制は「現在」「過去」があり、未来を表すときには「未来表現」を使います。

🐸)) **2**

	いつ	例文
be動詞	現在	① Kero is a frog.
	過去	② Kero was a good boy.
	未来	③ Kero will be a leader.
一般動詞	現在	④ Kero swims in the pond.
	過去	⑤ Kero swam in the pond.
	未来	⑥ Kero will swim in the pond.

　このほかに、「～している状態」を表す進行形も「現在」「過去」「未来」を表します。

	いつ	例文
進行形	現在	⑦ Kero is swimming now.
	過去	⑧ Kero was swimming then.
	未来	⑨ Kero will be swimming tomorrow morning.

Lesson 10　文型のキホン　まとめ

まとめ

　英語には5つの文型があります。そして、文型を決定づけるのは動詞です。それぞれの文型でどんな動詞がV（動詞）になっているのか、きちんと理解しておきましょう。

🔊 3

文型	動詞の種類	例文
SV	一般動詞 （自動詞）	① Kero swims fast. ② I swim in Hotaru pond.
SVC	be動詞 一般動詞	③ I am happy. ④ Kero became a singer. ⑤ Kero got nervous.
SVO	一般動詞 （他動詞）	⑥ I have a passport. ⑦ I wash my face. ⑧ I have breakfast at 7:00 a.m. ⑨ I brush my teeth after breakfast.
SVOO	一般動詞 （他動詞）	⑩ She gives me money. ⑪ It shows us reality. ⑫ He teaches us English.
SVOC	一般動詞 （他動詞）	⑬ I call him Kero. ⑭ The movie made her a star. ⑮ You make me happy.

＊_____は修飾語です。

Lesson 11 名詞の役割 まとめ

名詞と代名詞は、文の要素であるＳ（主語）、Ｖ（動詞）、Ｏ（目的語）、Ｃ（補語）のうち、Ｖ以外になることができる品詞です。

🔊 **4**

文の要素	文型	例文
S （主語）	SV	① Kero swims.
	SVC	② Meg is happy.
	SVO	③ Joe studies English.
	SVOO	④ My grandmother gives me money.
	SVOC	⑤ Exercise keeps her healthy.
C （補語）	SVC	⑥ I am a frog.
	SVOC	⑦ I call him Kero.
O （目的語）	SVO	⑧ I study English.
	SVOO	⑨ My grandmother gives me money.
	SVOC	⑩ I call the dog Donchan.

Lesson 12 形容詞の役割 まとめ

形容詞は「名詞」を修飾したり、文の中でC（補語）になったりします。また、「現在分詞」と「過去分詞」にも、形容詞と同じ働きがあります。分詞は動詞と形容詞の役割を兼ね備えています。

形容詞で注意しておきたいのは、前から修飾する場合とうしろから修飾する場合でニュアンスが異なる点です。前から修飾する場合は永久的［長期的］な状態を、うしろから修飾する場合は一時的な状態を表します。

形容詞が名詞を（前から）修飾することを限定用法、文の中でC（補語）になることを叙述用法と呼びます。

◆))) 5

形容詞の役割	例文
名詞を修飾する	前から修飾する場合 ① a beautiful **bird** ② a big **dog** うしろから修飾 ③ The **members** present were not aware of this.
文の中で C（補語）になる	④ I am happy.　←SVC文型 ⑤ I find her smart.　←SVOC文型
限定用法でしか 使わない	⑥ She is my only **daughter**. ⑦ He is the former **President**.
叙述用法でしか 使わない	⑧ She is alive! ⑨ I am alone.
限定・叙述用法 両方で使うが 意味が異なる	⑩ This is my present **address**.　←限定用法 ⑪ She was present at the meeting.　←叙述用法

＊**太字**は形容詞が修飾しているものを指しています。

))) 6

現在分詞の役割	例文
名詞を修飾する	① Sleeping **Beauty** / Howl's Moving **Castle** ② Do you know the **frog** swimming in the pond?
文の中で C（補語）になる	③ Kero remained standing.　←SVC文型 ④ Kero left the phone ringing.　←SVOC文型 ⑤ The comedy kept me laughing.　←SVOC文型

))) 7

過去分詞の役割	例文
名詞を修飾する	① Haunted **Mansion** / The Lost **World** 　 a used **car** ② the **car** used in the movie
文の中で C（補語）になる	③ Kero remained surrounded by his fans.　←SVC文型 ④ The comedy never made me bored.　←SVOC文型
修飾する位置で 意味が異なる	⑤ a concerned **look**　←前から ⑥ the **people** concerned　←うしろから

＊**太字**は形容詞が修飾しているものを指しています。

Lesson 13　副詞の役割　まとめ

　副詞はSVOCといった文の要素にはなりません。ですが、副詞は動詞だけでなく、形容詞、副詞、句、節、文も修飾するという大事な役割を担っています。副詞が何を修飾しているのか、きちんと理解しておきましょう。

🎩)) 8

副詞の役割	例文
動詞を修飾する	① Kero **swims** fast. ② Kero **swims** slowly. ③ Kero **opened** the door slowly. ④ I **met** Kero yesterday. ⑤ Kero is going to **make** a speech today. ⑥ Kero and I will **have** a meeting tomorrow. ⑦ We **had** lunch there. ⑧ Kero, **come** here! ⑨ We **had** lunch there yesterday.
形容詞を修飾する	⑩ Kero is very **kind**.
副詞を修飾する	⑪ Kero sang very **well**.
句を修飾する	⑫ Exactly **on that day**, her father passed away. ⑬ Just **a few days ago**, she left for Berlin.
節を修飾する	⑭ I love coffee simply **because it makes me awake in the morning**. ⑮ This applies only **if you are living in Japan**.
文を修飾する	⑯ Honestly, **Kero is a genius**.

＊**太字**は副詞が修飾しているものを指しています。

Lesson 14 名詞句 まとめ

名詞句はその名の通り、名詞と同じ役割をする句です。名詞句になるのは、おもに不定詞と動名詞です。名詞句のかたまりが、どんな文の要素（S、O、C）として働いているのか、見分けられるようになりましょう。

 9

名詞句の役割	例文
S（主語）	① To forget is the secret of eternal youth.
SVOのO（目的語）	② I want to be a scientist.
「疑問詞＋不定詞」がO（目的語）になる	SVO ③ Kero knows how to swim. SVOO ④ Could you tell me how to get to the theater?
SVCのC（補語）	⑤ To see is to believe. ⑥ His dream is to be a scientist.
SVOCのC（補語）	⑦ I want him to help her. ⑧ I believe her (to be) trustworthy.
C（補語）になる原形不定詞	使役動詞（make/let/have） ⑨ His parents made Kero wear a helmet. 知覚動詞（hear/feel/see） ⑩ I heard Kero make a noise.

（左端の縦列：不定詞）

名詞句の役割		例文
動名詞	S（主語）	① Working with you was a great experience.
	SVOのO（目的語）	② Kero likes swimming in the river. ③ Kero enjoyed playing tennis with his friends.
	SVCのC（補語）	④ Happiness is having your own library card. ⑤ Our mission is empowering children.
	SVOCのC（補語）	⑥ We don't mind you joining us.

また、形式主語、形式目的語のitがS、Oの位置に置かれ、本来のS（主語）、O（目的語）である名詞句が文のうしろに置かれる用法があります。

🔊 11

名詞句の役割		例文
不定詞	本来のS（主語）	① It is a good idea to invite them. ② It is enjoyable to swim in the pool.
	本来のO（目的語）	③ Kero found it easy to use the app.
動名詞	本来のS（主語）	④ It was a pleasure working with you. ⑤ It was great talking with you.
	本来のO（目的語）	⑥ Kero found it easy using the app.

Lesson 15 形容詞句 まとめ

　形容詞句は形容詞と同じ役割をする句で、おもに不定詞、分詞＋語句、前置詞＋名詞の3つです。形容詞句はうしろから名詞を修飾します。形容詞句で情報を付け足すというイメージを持ちましょう。また、文の中でＣ（補語）として働くこともあります。

🔊 12

形容詞句の役割		例文
不定詞	名詞を修飾	① I would like **something** to eat. ② I have **homework** to do.
分詞	現在分詞＋語句が名詞を修飾	③ I know the **frog** swimming in the pond. ④ The **frog** swimming in the pond is Kero.
	過去分詞＋語句が名詞を修飾	⑤ The **man** surrounded by fans is Tom.
前置詞＋名詞	名詞を修飾	⑥ **Ghost** in the Shell ⑦ **Shakespeare** in Love ⑧ **Fiddler** on the Roof ⑨ The **Tale** of Genji ⑩ The **frog** in the pond is green. ⑪ **People** in Mexico speak Spanish. ⑫ I met a **woman** from India.
	Ｃ（補語）になる	SVC ⑬ This book will be of help. ⑭ Kero is in good health. SVOC ⑮ Kero keeps himself in good health.

＊**太字**は形容詞句が修飾するものを指します。

Lesson 16　副詞句　まとめ

　副詞句は副詞を同じ役割をする句で、おもに不定詞、分詞＋語句、前置詞＋名詞の3つです。名詞を修飾する形容詞句と形が似ているので、何を修飾しているのかをきちんと確認するようにしましょう。

🔊 13

	副詞句の役割	例文
不定詞	動詞を修飾	① I **came** here to meet you. ② To be a professional player, you **need** to practice more. ③ In order to be a professional player, you **need** to practice more.
	形容詞を修飾	④ I am **happy** to meet you. ⑤ I was **sad** to hear that. ⑥ I was **shocked** to hear that. ⑦ She looked **happy** to hear that. ⑧ She was **brave** to tell the truth.
	副詞を修飾	⑨ Kero is old **enough** to study abroad.
	文を修飾	⑩ To be honest, **I don't like swimming.**
分詞	→副詞句になる「分詞＋語句」は、Lesson 19の副詞節へ	
前置詞＋名詞	動詞を修飾	⑪ I **swim** in the pond.
	形容詞を修飾	⑫ I am **afraid** of snakes. ⑬ I am **interested** in music.
	副詞を修飾	⑭ She called me **late** at night. ⑮ It happens **everywhere** around the world.
	文を修飾	⑯ To my surprise, **he ignored me.**

＊**太字**は副詞句が修飾するものを指します。

Lesson 17 名詞節 まとめ

名詞節は名詞と同じ役割をする節です。that節、「疑問詞＋S＋V」の節、whether節、if節、関係代名詞whatを含む節などがあります。名詞節は文の中で、S（主語）やO（目的語）、C（補語）になります。

🔊 **14**

	名詞節の役割	例文
that節	O（目的語）になる	SVO ① I think that Kero is in Japan now. ② I know that it's my fault. SVOO ③ Kero told us that he plans to study abroad. SVOC ④ Kero has made **it** clear that he plans to study abroad. ＊itは「形式目的語」でthat以下の内容を指す。
	C（補語）になる	⑤ The fact is that I made a huge mistake.
	S（主語）になる	⑥ **It** is certain that Kero is in Japan now. ＊itは「形式主語」でthat以下の内容を指す。
	同格を表す	⑦ I'm surprised at the news that he won the game.
疑問詞＋ S＋V	O（目的語）になる	⑧ I don't know when the new series will start.
	S（主語）になる	⑨ When he was born is still a mystery.
	C（補語）になる	⑩ The question is what we should do next.

	名詞節の役割	例文
whether節	C(補語)になる	① The question is whether there's a market for this game.
	O(目的語)になる	SVO ② I'm considering whether I should apply to an MA program. SVOO ③ Kero asked me whether I was OK.
	S(主語)になる	④ Whether it's true or not doesn't matter. =⑤ It doesn't matter whether it's true or not. ＊itは「形式主語」でwhether以下を指す。
	同格を表す	⑥ There is a question whether Daylight Saving Time is effective.
if節	O(目的語)になる	SVO ⑦ I don't know if it's true. SVOO ⑧ I'll ask her if the deadline can be extended.
関係代名詞 what	O(目的語)になる	⑨ I got what I had wanted.
	C(補語)になる	⑩ This is what I wanted.
	S(主語)になる	⑪ What makes me happy is my family. ⑫ What Kero said is true.
前置詞の 目的語		⑬ We talked about what we did on the weekend. ⑭ We talked about what happened yesterday. ⑮ I'm worried about whether I can get my money back.
名詞節を 受ける 形式主語it		「疑問詞が導く節」を受ける ⑯ It's not certain who will replace her. 「感嘆文となっている節」を受ける ⑰ It's funny how stupid I was.

まとめ

Lesson 18　形容詞節　まとめ

　形容詞節は形容詞と同じ役割(やくわり)をする節です。関係代名詞が導(みちび)く節と関係副詞が導く節があります。形容詞節が何を修飾(しゅうしょく)しているのか、きちんと見極(きわ)められるようにしましょう。

🔊 16

	形容詞節の役割	例文
関係代名詞が導く節	S（主語）を修飾	① The **frog** that is swimming in the pond is Kero. ② The **frog** that hopped into our classroom was Kero. ③ The **frog** that you saw today was Kero. ④ Many **students** who study abroad experience culture shock. ⑤ The **woman** whom [who] I talked to was very kind.
	C（補語）を修飾	⑥ She's the **person** who is going to make a speech. ⑦ Kelly is a **person** whom [who] you can trust.
	O（目的語）を修飾	⑧ Kero is reading the **book** that won the Akutagawa Prize. ⑨ Kero is reading the **book** that I gave him.
	「目的格」の関係代名詞の省略(しょうりゃく)	⑩ The **frog** ▽ you saw today was Kero. ⑪ The **woman** ▽ I talked to was very kind. ＊▽ の位置に関係代名詞が省略されています。

名詞の「所有格」 になる	⑫ I have a **friend** whose parents run a Chinese restaurant.
	⑬ I have a **frog** whose name is Kerochan.

 17

関係副詞 **where** が 導く節	「場所」を表す名詞を修飾
	① I visited the **school** where Kero studies.
	② That is the **house** where Kero's family lives.
関係副詞 **when** が 導く節	「時」を表す名詞を修飾
	③ I'll never forget the **day** when I first learned the alphabet.
	④ There are **times** when we must stop.
関係副詞 **why** が 導く節	the reason（理由）を修飾
	⑤ I don't know **the reason** why he left Japan.
	⑥ That was **the reason** why Kero got nervous.

＊**太字**は先行詞です。

Lesson 19 副詞節 まとめ

　副詞節は副詞と同じ役割をする節です。副詞節は、おもに「接続詞＋節」の形で、従属節として、文の核である「主節」を修飾します。主節と従属節をきちんと見極めることが大切です。

🔊 **18**

	接続詞	例文
「時」を表す	before	① It began to snow before Kero got home.
	after	② After I graduate from high school, I want to study abroad.
	when	③ When Kero entered the classroom, nobody was there.
	while	④ Enjoy your life while you can.
	once	⑤ Once you meet Kero, you'll never forget him.
	since	⑥ I have known Kero since I was a child.
	until[till]	⑦ Kero kept trying until[till] he succeeded.
	as	⑧ As my mother got older, she got up earlier.
	as soon as	⑨ As soon as I entered the room, I noticed the smell of gas.

🔊 **19**

	接続詞	例文
「原因、理由」を表す	since	① Since we're running out of time, let's do a quick review.

	because	② Kero studies English every day because he wants to study abroad.
	as	③ As I stayed up late last night, I'm very sleepy today.
	now that	④ Now that the game is over, we have to focus on the next game.
「目的」を表す	so that A ...	⑤ Kerozo studied hard so that he could study abroad.
	in case	⑥ Prepare yourself in advance in case an unexpected thing happens.
「結果」を表す	so 形/副 that A ...	⑦ Kero studied so hard that he could study abroad. ⑧ His joke was so funny that I couldn't stop laughing.
	such (a) 形＋名 that A ...	⑨ Kero has such a friendly personality that everyone loves him.

🔊) 20

	接続詞	例文
「条件、仮定」を表す	if（条件）	① If you want to study in the UK in the future, you'll need to take the IELTS test.
	if（仮定法過去）	② If I were smart, I could learn English more easily.
	if（仮定法過去完了）	③ If I had studied medicine, I would have been a surgeon.
	suppose	④ Suppose you were the Prime Minister of Japan, how would you change the country? ⑤ Suppose Kero is absent from the meeting, who will make the presentation?

provided [providing] that	⑥ We currently offer a 10% discount provided [providing] that you pay in cash.	
assuming that	⑦ Assuming that it's true, he'll be arrested soon.	
unless	⑧ The event will be held at Hibiya Park unless it rains.	

🔊)) **21**

	接続詞	例文
「譲歩」を 表す	although [though]	① Although [though] she is just a kid, she's already interested in biology.
	even though	② Even though you don't attend the workshop, I'm not going to blame you.
	whether or not	③ Whether or not you attend the workshop, you'll get some handouts. ④ Whether you attend the workshop or not, you'll get some handouts.
	whether A or B	⑤ Whether you choose an iPhone or Android phone, you can use the app.
	whoever	⑥ Whoever did this, I won't forgive that person.
	whichever	⑦ Whichever you choose, it doesn't matter at all. ⑧ Whichever choice you make, I'll support you.
	whatever	⑨ Whatever happens, I'll be there for you. ⑩ Whatever you're going to study, it will help you in the future. ⑪ Whatever obstacles you face, don't give up on your dreams.

	howewer	⑫ However tired you are, remove your makeup before sleeping. ⑬ However hard I tried to persuade him, he didn't forgive her.
	wherever	⑭ Wherever I travel, I enjoy talking with locals.
	whenever	⑮ Whenever you start, it's never too late.

22

	接続詞	例文
「範囲」を 表す	as far as	① As far as I know, no one was injured in the accident.
	as long as	② You can stay here as long as you like. ③ You'll reach your goal as long as you keep moving forward.　←条件を表すこともある。

分詞構文

　接続詞を使わずに、節（従属節）を句に変えて、主節を修飾する。主節と従属節のS（主語）が同じなので、従属節のSは削れる。

④ Swimming in the pool, I almost drowned.

⑤ Surrounded by his fans, the actor walked the red carpet.

独立分詞構文

　接続詞を使わずに、節（従属節）を句に変えて、主節を修飾する。主節と従属節のS（主語）が違う。従属節のSと分詞化した動詞は削れない。

⑥ It being very hot, I turned on the air conditioner.

日本語さくいん

🐢 英語さくいん

あとがき

「英文法って、なんの役に立つのかな」

こんな考えが頭をよぎったことはありませんか？　高校時代、私は学校指定の分厚い英文法問題集に取り組みながら、しばしば疑問を抱いていました。こんなに細かいこと、知る必要があるのかな、と。

化石のようにカチコチな存在に思われた英文法が、日常生活に息づいていることを実感したのは、英語の原書や英語圏の映画・ドラマに触れるようになってからです。

「なんだ！　英文法って、普通に使われているんだ！」

そう、英文法は過去の遺物でもなく、受験のためだけの知識でもなく、リアルに使われているルールだったのです！　今では、「英文法を学ぶと、何気なく眺めていた世界にも新たな発見があって、とても楽しい」と、声を大にして叫びたいです。例えば、本書でも取り上げた東京ディズニーランドのお化け屋敷「ホーンテッドマンション」（→p.98）。この「ホーンテッドマンション」が英語ではHaunted Mansionで、過去分詞が前から名詞を形容詞的に修飾しているんだと気がついたきは、「そうだったのか！」と心の中で一人ガッツポーズを決めたくなりました。ちなみに、このアトラクションを題材にした映画が2003年にアメリカで公開されたのですが、その中で次のセリフが出てきました。

"You try. You fail. You try. You fail. But the only true failure is when you stop trying."（試しては失敗し、試しては失敗する。でも、唯一の本当の失敗は、試すのをやめたときだぞ）

本書でも取り上げた、stop doing（→p.160）が使われていますね！「知識」として覚えたものが生きたセリフとして出てくると、点と点がつながったような喜びがあります。一見、無味乾燥に思えた英文法学習は種まきのようなもので、収穫の時期はあとからやってくるのだと最近は思います。

イラストレーターのタニグチコウイチさんが描いてくださった主人公のケロは眼鏡をかけていることにお気づきでしたか？　眼鏡をかけたケロを最初に見たときに思い出したのは、自分の中学時代でした。視力が落ちていたにもかかわらず、気恥ずかしくて学校に眼鏡をかけていく勇気が出ませんでした。しかし、ある日思い切って、眼鏡をかけたら……見える世界がまるで違う！　ぼんやりとしか見えていなかったものが、全部クッキリ見える！

　本書が目指しているのは、このときの眼鏡のような存在です。ぼんやりとしか見えていなかった英語の文の構造が本書を読み終えたときに、まるで眼鏡をかけたときのようにクリアに見えるようになったらと願って、原稿を書き進めました。

　『基本にカエル英語の本』はもともと2007年に刊行開始となったシリーズです。13年の時を経て、英文法入門［レベル１・２・３］に続く［レベル４］に相当する本書が刊行の運びとなりました。2007年当時に３冊の本を執筆された石崎秀穂先生、ならびに企画編集を担当された谷岡一也さんがいらっしゃらなければ、カエルたちの英語冒険物語は始まりさえしませんでした。当時３冊の本の校正を担当された入江泉さんには、本書でも第三者の視点で原稿を見ていただき、自分では気がつかなかった不十分な点を数多くご指摘いただきました。そして、本書の書き手に私を選んでくださった編集者の野村信介さんに、この場を借りてお礼申し上げます。一介の編集者・校正者として仕事をしてきた私に、書き手として本作りに携わるチャンスを与えてくださいました。

　英語にはa once-in-a-lifetime opportunity（人生で一度しかない機会）という言葉があります。本書を書くことは、自分の仕事人生における、まさに千載一遇のチャンスと思って取り組みました。第二子の出産・育児と同時進行の本作りは過酷ではありましたが、編集者の野村さんはじめ出版社の皆様が無理のない刊行スケジュールを組んでくださったおかげで、どうにか最後まで走り抜けることができました。今はまだ６歳と１歳の娘たちにも、将来本書を読んで「お母さんの本、おもしろいね！」と言ってもらえたら、最高です。

2020年7月吉日
岩崎 清華

［著者紹介］

岩崎 清華（Iwasaki Sayaka）

埼玉県出身。国際基督教大学(ICU)教養学部教育学科卒業後、中経出版(現KADOKAWA)入社。英語学習誌『English Zone』編集部にて、取材や記事作成、編集を担当する。その後、語学書専門出版社の語研・編集部勤務を経て、フリーランスに。語学書の編集や校閲・校正を専門とする。取得資格に英検1級、TOEIC990点がある。2児の母として、子育てと仕事の両立を目指して目下奮闘中。
運営サイト「語学のアトリエ」
http://www.gogakuatelier.com/

装幀・本文デザイン：山田 武
イラスト：タニグチコウイチ
校正協力：入江 泉
ナレーター：Katie Adler
音源制作：株式会社 巧芸創作

基本にカエル英語の本　英文法[文のしくみ]
2020年7月29日　初版第1刷発行

著　　者：岩崎清華
発行者：藤嵜政子
発行所：株式会社 スリーエーネットワーク
　　　　〒102-0083
　　　　東京都千代田区麹町3丁目4番 トラスティ麹町ビル 2F
　　　　電話：03-5275-2722［営業］
　　　　　　　03-5275-2726［編集］
　　　　http://www.3anet.co.jp/
印刷・製本：日経印刷株式会社

脱カタカナ英語！
発音は何歳からでもスタートできる！

基本にカエル英語の本
発音ＡＢＣ

松澤喜好　著

【著者プロフィール】
松澤喜好　Kiyoshi Matsuzawa
1950年生まれ。電気通信大学電波通信学科卒業。富士ゼロックス（株）にてグローバルなプロジェクトを多数英語でマネジメント。イギリスに2年駐在。ソフトウェア開発系技術畑出身。英検1級。2004年発売の『英語耳 発音ができるとリスニングができる』はロングセラーを続け、現在も英語発音教材のベストセラーとして上位に位置している。定年退職後は英語の発音指導講師。スピーチコンテストにて優勝者指導。日本英語学会終身会員。日本音声学会会員。2011年ロンドン大学夏季音声学講座受講。主宰するウェブサイト「英語耳 eigo33.com」「語源の広場」などの活動もしている。

A5判　144頁　1,500円+税

ISBN978-4-88319-794-1

ベストセラーの著者が書いた
初級者向けの発音の本！

　英語の中で「発音」というジャンルは、「英文法」「英単語」などに比べるとあまり注目されず、どちらかというと軽視されがちですが、「英語」を勉強するためには実はとても重要です。
　英語はアルファベット（ABC…）から学習しますが、そのアルファベット文字は覚えても、ちゃんとした発音も覚えたという人は多くありません。おそらく、ほとんどの人が日本語なまりの発音のまま覚えています。日本語なまりの発音で通用する音もありますが、英語にはきちんとした発音でなければ伝わらない、日本語にはない独特の音があるのです。
　本書は、長年英語の発音を教えてきた著者が、その経験からやり直しておくべき発音を厳選しました。きっと効率よく発音の学習ができるはずです。

基本にカエル英語の本　英文法入門

石崎秀穂　著

基本にカエル英語の本 英文法入門［レベル1］

● 四六判 191 頁 CD 1 枚付　1,600 円＋税〔ISBN978-4-88319-428-5〕

英検®5級レベル

基本にカエル英語の本 英文法入門［レベル2］

● 四六判 191 頁 CD 1 枚付　1,600 円＋税〔ISBN978-4-88319-429-2〕

英検®4級レベル

基本にカエル英語の本 英文法入門［レベル3］

● 四六判 206 頁 CD 1 枚付　1,600 円＋税〔ISBN978-4-88319-430-8〕

英検®3級レベル

英語は難しくない！　基礎の基礎から再入門！

　「イラストの本かな」と思うくらい文章が少ないので、イラストを楽しみながら読んでください。いつの間にか英語が好きになっている自分に出会えるはず！WEBサイト「Get you!! English!」で、英語が苦手な80万人に絶賛された「究極のわかりやすい解説」を、すべて公開しました。英語がグングン理解できるような工夫がいっぱい詰まっています。特に、「日本語」と「英語」の違いが自然とわかるように、「基本の基本」である「英語と日本語の語順の違い」を、何度も何度も繰り返しイラストで説明していきます。そして、「復習用のCD」は、本がなくても「聞くだけで」勉強したことが確認できるように録音されています。

　英文法の基本をもう一度勉強したい人におススメです。「英検」5、4、3級対策のはじめの一歩として、あるいは他の参考書を読む前の1冊としても最適です。

【学習項目】

［レベル1］	肯定文、第1〜3文型、現在形・過去形・未来形、現在進行形、名詞、形容詞、助動詞、不定詞の名詞的用法、現在分詞の用法、動名詞、冠詞
［レベル2］	否定文、命令文、疑問文、比較、受動態、過去分詞の用法、不定詞の形容詞的用法
［レベル3］	疑問詞、前置詞、現在完了形、関係代名詞、接続詞、第4文型、第5文型、名詞・形容詞の発展